LE VIEIL

ET

LE NOUVEL HESDIN.

LE VIEIL ET LE NOUVEL

HESDIN,

OU

HISTOIRE DE CES DEUX VILLES;

PAR S. MONDELOT,

Principal du Collége d'Hesdin.

ABBEVILLE,

DE L'IMPRIMERIE DE H. DEVÉRITÉ,

PROPRIÉTAIRE-ÉDITEUR DU JOURNAL D'ABBEVILLE, RUE St-GILLES.

M.D.CCC.XXIII.

A

Monsieur PRÉVOST,

MAIRE D'HESDIN.

Monsieur,

Vous offrir l'Histoire d'Hesdin, c'est offrir à un tendre père le portrait d'une fille chérie, au bonheur de laquelle il consacre son existence. Placé sous vos Auspices, Hesdin a recouvré, ou plutôt, reconquis une partie de ses anciens avantages; il en a même obtenu de nouveaux. Aussi tous nos concitoyens aiment à reconnaître et se plaisent à répéter que leurs voeux seraient comblés, si la volonté ferme d'un premier Administrateur, ses efforts soutenus, son zèle éclairé & sa constante sollicitude suffisaient pour assurer la prospérité d'une Ville.

Véuillez donc agréer un hommage qui vous est dû à tant de titres, & daignez recevoir l'expression du profond respect avec lequel j'ai l'honneur d'être,

Monsieur,

Votre très-humble et très-obéissant serviteur,

MONDELOT.

PRÉFACE.

SANS accorder trop d'importance à mon sujet, je crois pouvoir assurer que l'histoire d'Hesdin (1) offre plus d'un événement propre à piquer la curiosité ou à exciter l'intérêt; que cette ville n'est pas indigne de fixer quelques momens l'attention d'un Gouvernement sage et éclairé; et qu'elle mérite surtout d'être vengée de la disgrâce à laquelle la division politique du Pas-de-Calais l'a condamnée. Sa position géographique, les fortifications dont elle est entourée, le génie de ses habitans, les élémens de

(1) Il est bon d'avertir les puristes, que l'*H* d'Hesdin, autrefois *aspirée*, est maintenant *muette*.

prospérité qu'elle renferme dans son sein, tout semble devoir appeler sur elle la bienveillance de cette Autorité protectrice qui, d'un regard, anime et vivifie les plus faibles parties du corps social.

Cependant qu'on se garde bien de penser qu'en livrant à l'impression ce faible essai, j'aie l'espérance d'obtenir un tel résultat :

Tant de présomption n'entre point dans mon âme.

Répandre quelque jour sur plusieurs faits qui se rattachent à l'histoire de France, faire connaître aux jeunes Hesdinois l'origine de leur ville, exposer succinctement les principaux événemens dont elle a été le théâtre, et particulièrement le siége de 1639, qui dura environ six semaines, quoique la place fût investie par un corps de 32,000 hommes, et battue en brèche (1) par trente pièces de canon,

(1) Quand Hesdin se rendit, cinq brèches

tel est le but que je me suis proposé, je me croirai trop heureux si je puis l'atteindre.

Quant au récit du siége dont je viens de parler, c'est une véritable traduction. En respectant la plupart des idées d'Antoine De Ville, j'ai changé presque toutes ses expressions : c'était le seul moyen de rendre supportable la lecture de son *Journal*. Pour donner une idée du style de l'Auteur, qui écrivait dans un temps où la langue n'était pas encore fixée (1), et qui, d'ailleurs, moins ha-

étaient pratiquées au corps de la place, et le commandant, avec sa petite garnison, avait trouvé moyen de faire des retranchemens à chacune d'elles. Les assiégeans avaient inutilement tenté de s'y loger, et tout était disposé pour soutenir, au besoin, une attaque générale de vive force, sans compromettre le salut des habitans; malheureusement pour les assiégés, la poudre vint à manquer.

(1) Personne n'ignore que le style des écri-

bile que nos guerriers modernes, maniait l'épée beaucoup plus facilement que la plume ; je me contenterai de citer un passage pris au hasard, c'est la mort de *Mayola*, lieutenant des gardes du cardinal de Richelieu.

» Le vingt-huictième juin, le sieur de
» Mayola partit d'Abbeville, vint au
» camp *en diligence*, pour voir le siége
» et s'en retourner le jour mesme. Il alla
» *faire la révérence à Monsieur le*
» *Grand Maistre* qui *s'en allait* aux
» tranchées. Il *le suit* pour les voir avec
» luy, il s'arresta aux plus advancées.
» *Monsieur le Grand Maistre lui te-*
» *nait la main sur le col*, une mos-
» quetade vient malheureusement *qui*
» *le prend, le jette par terre, il meurt*
» *tout à l'instant* entre les bras de

vains les plus corrects et les plus élégans du siècle de Louis XIII était déjà suranné du temps des Boileau et des Racine.

» *Monsieur le Grand Maistre* qui eut
» un grand déplaisir de sa *mort.* »

On s'étonnerait aujourd'hui avec raison que la Meilleraie (fait maréchal de France sur la brèche) soit resté si longtemps devant Hesdin avec les forces imposantes qu'on lui avait confiées, si l'on ne savait qu'alors l'art militaire était encore dans l'enfance, et que, depuis le siècle de Louis XIII jusqu'à nos jours, il a franchi un intervalle immense (1).

A cette époque, on ne connaissait pas le *tir-à-ricochets.*

Au reste, il ne faudrait pas en conclure qu'au point où nous sommes parvenus, la relation de ce siége ne mérite pas d'attirer l'attention des hommes instruits : je crois au contraire

(1) Les bombes dont on fit usage étaient fort imparfaites. On en voit encore à Hesdin quelques-unes qui servent de poids à l'horloge de la ville.

qu'elle peut être lue avec fruit par les militaires eux-mêmes, et mon opinion est fondée sur l'autorité d'un juge dont on ne saurait décliner la compétence. Ce juge, c'est l'auteur (1) de la *défense des places fortes*. Voici comment il s'exprime dans cet ouvrage composé, par l'ordre d'un gouvernement essentiellement militaire, pour l'instruction des élèves du corps du génie.

» Si l'on veut avoir l'exemple d'une
» défense qui ait rempli les conditions
» prescrites par la circulaire (2) de Louis

(1) Carnot.

(2) La loi du 26 juillet 1792, art. 1er, interprète cette circulaire par le texte suivant :

» Tout commandant de place forte ou bas-
» tionnée, qui la rendra à l'ennemi avant qu'il
» y ait brèche accessible et praticable au corps
» de place, et avant que le corps de la place
» ait soutenu au moins un assaut, si toutefois
» il y a un retranchement intérieur derrière la
» brèche, sera puni de mort, à moins qu'il ne
» manque de munitions et de vivres. »

» XIV, concernant les siéges (quoi-
» qu'antérieur à son règne), il faut
» lire la relation du siége d'Hesdin,
» faite par le chevalier De Ville, qui
» en avait dirigé lui-même, comme ingé-
» nieur, les opérations, sous les ordres
» de M. De la Meilleraie, grand-maître
» de l'artillerie. Cette relation peut ser-
» vir de modèle en ce genre : comme
» elle renferme plusieurs réflexions uti-
» les, et qu'elle donne une idée de la
» manière dont on procédait de part et
» d'autre dans la guerre des siéges à
» cette époque, j'en citerai plusieurs
» passages, en regrettant que les bornes
» de cet écrit ne me permettent pas de
» la rapporter tout entière. »

PLAN DU VIEIL-HESDIN,

Dessiné à l'Ecole d'Enseignement Mutuel d'Hesdin, par Onésime Dufour.

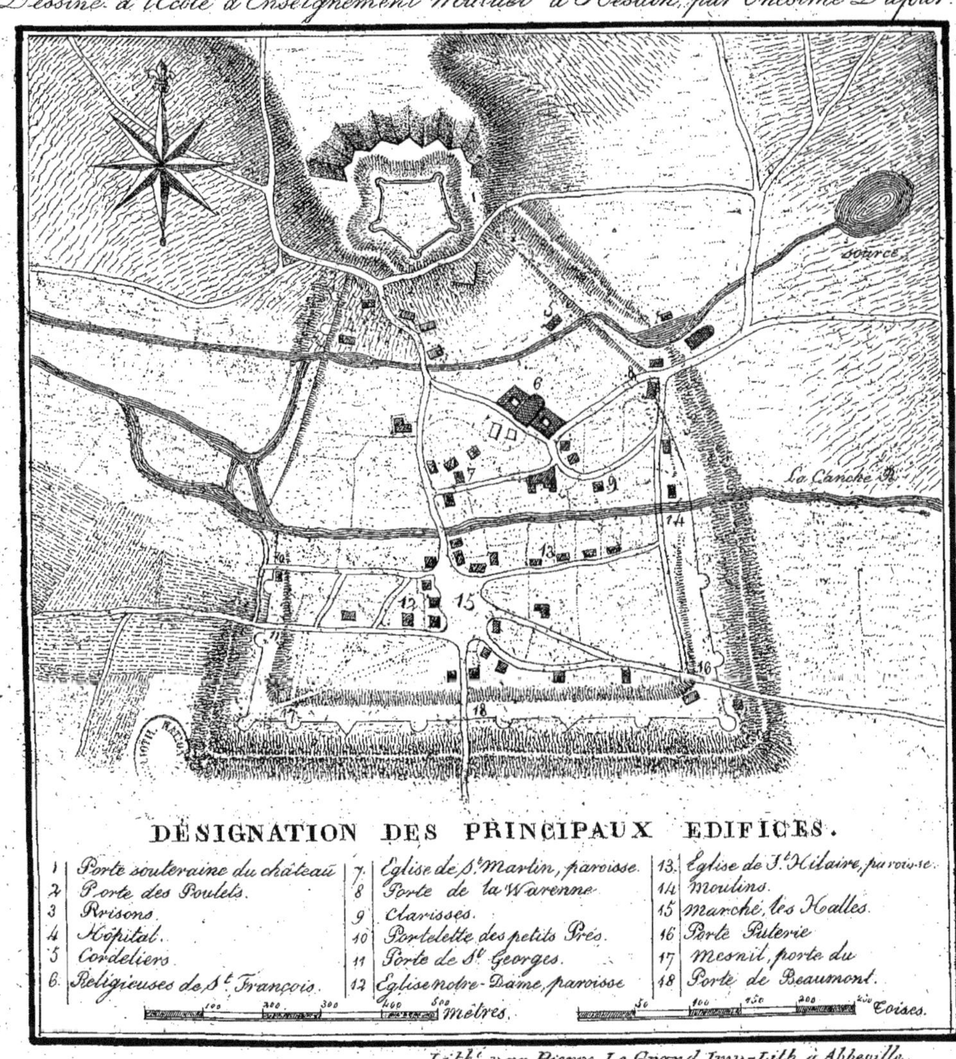

ESSAI HISTORIQUE

SUR

LE VIEIL HESDIN.

S'IL faut ajouter ſoi à la tradition et aux anciennes chroniques, voici quelle fut l'origine du Vieil Hesdin :

Lorsque Constance-Chlore, gouverneur général des Gaules, vint faire la guerre à Carausius qui s'était réfugié à Boulogne, Hélène, son épouse, mère du grand Constantin, l'accompagna dans cette expédition. Ayant été répudiée (1) quelque temps après, elle se retira sur les bords de la Canche où elle fit bâtir un château (2). « *Ad Quantiam Morinorum tranquil-*

(1) L'an 304. Mallebranq, histoire des Morins, livre 2, chap. 5.

(2) *Idem.*

» *lius dabatur perfugium. Illic castellum egre-*
» *gium editiore in ripâ condidit Helena, acce-*
» *dente ad marginem utrumque vico, quæ ejus*
» *nomen* Helenum *induêre, postmodum in* He-
» denum *et* Hesdinum *tempora commutâ-*
» *runt.* (1) «

Ce château ne tarda pas à s'entourer d'habitations qui s'étendirent insensiblement sur les deux rives de la Canche et formèrent dans la suite une ville importante.

Clodion, ayant porté ses conquêtes jusqu'à la Somme, se rendit à Hesdin où toute la noblesse des lieux circonvoisins était rassemblée pour célébrer les nôces d'un grand seigneur de son armée. Informé de cette arrivée, Aétius, général des Romains, marcha contre Clodion par le pays des Atrebates. Ses mouvemens étaient tellement combinés, que les Francs, attaqués à l'improviste, n'eurent pas le temps de prendre les armes. Il passe au fil de l'épée les

(1) Le *Vicus Helena* est le Vieil Hesdin, situé à une lieue au-dessus de l'endroit où la Ternoise tombe dans la Canche, et il doit son origine à Hélène, femme de Constance-Chlore etc. MAILLART, Chronologie historique d'Artois.

premières

premières gardes, fond sur l'assemblée, enlève la mariée avec tous les préparatifs de la fête, poursuit vivement les fuyards et les contraint d'évacuer la Gaule belgique.

Pendant la domination des Romains, les empereurs avaient institué des comtes qui, dans l'origine, n'étaient que des magistrats préposés à l'administration d'une contrée. Après la conquête des Gaules par les Francs, ces officiers continuèrent de subsister; leurs prérogatives et leur puissance s'accrurent, et ces comtes devinrent bientôt de petits souverains.

La ville d'Hesdin et son territoire firent partie du Comté de Tervanes ou Ternois. Ce pays eut ensuite ses comtes particuliers qui tiraient leur origine de Robert, 4.me comte de Boulogne et de Ternois, dont la fille, nommée Robresse (1), épousa le fils de Wagon, comte de Ponthieu. La satisfaction que cette alliance causa à Robert, l'engagea à donner en dot à sa fille un démembrement du Ternois. Robresse devint donc, par son apanage, première comtesse d'Hesdin : cette ville fut regardée comme

(1) Voyez Turpin, *Annales historiques des Comtes de Ternois.*

la capitale de son domaine. Son fils Bodefrid, qui lui succéda, florissait en 632. On le qualifie de comte du palais dans la vie de Ste-Frameuse, son épouse, de qui il eut Adascaire qui fut son successeur, et Ste-Austreberthe, religieuse à Port-sur-Somme, morte abbesse de Pavilly en 704. On lisait dans un manuscrit de l'abbaye de Ste-Austreberthe, à Montreuil, « que cette » Sainte naquit à Marconne, l'an 633, et que » son père et sa mère lui donnèrent le château » pour y construire une église où ils choisirent » leur sépulture, et un monastère qu'ils vou- » lurent bien doter de plusieurs seigneuries du » canton. »

En 850, Hens ou Henri, comte d'Hesdin, obtint du comte Helgot, pour les religieuses de Notre-Dame de Marconne, un refuge dans sa ville de Montreuil qu'il venait de fortifier.

Bernard, 12.me comte, étant mort sans enfans, le comté d'Hesdin fut réuni au domaine des comtes de Flandre.

Baudouin de Mons, comte de Flandre, fit bâtir à Hesdin un palais magnifique vers 1068. Il y joignit un parc (1) très-étendu qui ren-

(1) C'est de là que le village de Parcq tire son nom: il fut fondé en 1586, et devint paroisse deux ans après;

fermait la plaine située entre les deux vallées de Canche et de Ternoise, la largeur de cette dernière vallée et la colline qui la domine à droite. Ce parc aboutissait à la forêt d'Hesdin, située à une lieue du château.

Le Comté d'Hesdin fut détaché du Comté de Flandre en 1180, époque à laquelle Philippe d'Alsace le donna en dot avec Arras, Aire, Bapaume et Lens, à sa nièce Isabelle de Hainaut, lorsqu'elle épousa le roi Philippe-Auguste. Ce prince visita son nouveau domaine, et la situation du château d'Hesdin lui parut si agréable, qu'il y fixa sa résidence pendant quelque temps. Il donna à la ville plusieurs priviléges qui furent confirmés par Louis VIII en 1216; par Robert, comte d'Artois, en 1248; par Othon, l'un des successeurs de ce comte, en 1330; et par Charles-Quint, en 1530 (1).

L'Artois ayant été détaché de la couronne en faveur de Robert, frère de Louis IX, Hesdin et son territoire suivirent le sort de la province, après la mort de la reine Blanche de Castille à qui ils avaient été donnés en douaire ainsi que les villes de Bapaume et de Lens.

(1) Maillart, *Coutumes d'Artois.*

Quoique le comté d'Hesdin ait souvent éprouvé les mêmes vicissitudes que la province d'Artois, et que conséquemment il ait appartenu aux comtes de la branche royale et à d'autres princes, la ville et son bailliage ne cessèrent point de faire partie intégrante de la monarchie, et d'être considérés comme une ancienne seigneurie distincte (1), séparée de la province, et qui avait porté le titre de Comté avant que cette qualité eût été accordée à l'Artois par S.t-Louis, lorsqu'il en fit la donation à Robert son frère. La chose est constatée par la déclaration de ce prince et par celle de plusieurs de ses successeurs.

En 1355 (2), une armée anglaise, débarquée à Calais, ravagea la côte jusqu'à Boulogne, brûla les faubourgs de cette ville, traversa le territoire de Térouane et celui de S.t-Pol, pour marcher droit à Hesdin ; elle en détruisit le parc avec les édifices, sans pouvoir s'introduire dans la ville. Au bruit de l'approche des troupes françaises, les anglais se replièrent avec précaution sur Calais.

(1) Voyez Denis-Godefroy.

(2) Voyez Hennebert.

Le château et le parc furent rétablis par Philippe de France, époux de Marguerite de Flandre, comtesse d'Artois.

Ce lieu avait tant de charmes que les comtes d'Artois, et, dans la suite, les ducs de Bourgogne, souverains de la Flandre et de l'Artois, y résidèrent une partie de l'année. Philippe-le-Bon y tint souvent sa cour qui était la plus riche et la plus brillante de l'Europe.

Marie d'Autriche, sœur de Charles-Quint et veuve de Louis, roi de Hongrie, prit en 1530 le gouvernement des Pays-bas. Elle aimait beaucoup Hesdin et les environs de cette ville. Elle fit même construire une maison de campagne au village du Mesnil.

La position d'Hesdin rendait cette place extrêmement importante. Aussi les ducs de Bourgogne et leurs successeurs les archiducs d'Autriche, l'empereur Charles-Quint et les rois de France s'en disputèrent souvent la possession. Elle fut prise (1) et reprise au moins huit fois.

(1) *Martin Du Bellay*, dans ses mémoires, nous apprend comment la ville fut prise en 1521.

» Alors, dit-il, estant nostre armée remise ensem-
» ble en la plaine d'Artois, arrivèrent nouvelles que

pendant les 76 dernières années de son existence.

En 1553, Charles-Quint, irrité de l'échec que ses armes avaient essuyé devant Metz, l'année précédente, fit assiéger Térouane qui fut prise et rasée malgré la belle défense de Montalemberg d'Essai, et malgré le courage de la garnison, composée d'une partie de la noblesse française.

Nos troupes avaient repris Hesdin en 1552. En attendant qu'on pût assembler l'armée, Ro-

» dedans Hedin il n'y avoit aucuns gens de guerre, » et en eut l'advertissement monsieur de *Vendosme* » avecques son arrière-garde, et le comte de Sainct » Pol, avecques les six mille hommes desquels il » avoit la charge. Lesquels partans d'*Andinfer* qui » est à trois lieues de Arras, encore que les pluyes » fussent continuelles, feirent telle diligence, que » ceux de Hedin, devant qu'ils sceussent le partement de nostre armée, la virent devant leurs » portes. La ville soudain fut assaillie, laquelle, » après avoir enduré quarante ou cinquante coups » de canon, fut emportée d'assault, et y fut trouvé » un merveilleux butin ; car la ville estoit fort marchande, parceque, de toute ancienneté, les ducs » de Bourgogne y avoient faict leur demeure principalle. »

bert de la Marck, duc de Bouillon, accompagné de l'élite de la noblesse; d'Honorat de Savoie, marquis de Villars; d'Horace Farnèse qui venait d'épouser Diane, fille légitimée de Henri II; etc. se rendit dans cette ville contre laquelle il présumait que l'ennemi dirigerait ses efforts. Il ne fut point trompé dans ses conjectures. Les impériaux se présentèrent devant la place, ayant à leur tête Emmanuel Philibert, prince de Piémont. La ville fut emportée d'emblée. Il ne restait que le château. Les ducs de Bourgogne l'avaient fait bâtir plutôt comme une maison de plaisance dans un pays de chasse, que dans l'intention d'en faire un lieu de défense. Les assiégés, après avoir essuyé quinze mille coups de canon, demandèrent à capituler. Emmanuel Philibert, qui craignait que le désespoir ne leur prêtât de nouvelles forces, écouta favorablement cette proposition. On allait échanger les ôtages, lorsqu'un prêtre, soit par imprudence, soit par ressentiment, mit le feu aux mines que le duc de Bouillon avait fait pratiquer pour la défense de la brèche. Quelques ennemis sautèrent; mais un plus grand nombre de Français y périt. Pour user de représailles, les impériaux firent jouer les mines qu'ils avaient préparées de leur côté. Le mur fut bouleversé, et ses ruines, ayant comblé le fossé, facilitèrent l'assaut. Les assiégeans fondirent dans le château, l'épée à la main. Le duc de Bouillon fut fait prisonnier ainsi que la garnison ; Horace Farnèse fut tué d'un coup d'arquebuse (1). On fit ensuite subir à Hesdin le même sort que Térouane avait éprouvé.

Cette malheureuse ville fut rasée jusqu'aux fondemens, et quelques jours suffirent pour renverser l'ouvrage de plusieurs siècles. Elle traversait la vallée de Canche du nord au midi. Cette rivière la coupait en deux parties égales. Les murailles qui l'entouraient étaient flanquées de tours rondes sur un rempart élevé et ceint de fossés assez larges et assez profonds ; elles se réunissaient à celles du château que l'on pouvait regarder comme la proue de cette ville, construite en forme de navire. Le château, assis sur une éminence et décrivant un pentagone, avait un aspect imposant du côté de l'orient et

(1) De Thou dit à ce sujet : Le Roi, Diane, épouse d'Horace, toute la France et toute l'Italie regrettèrent ce jeune prince dont on avait conçu de hautes espérances, et qu'un sort funeste venait de précipiter du lit nuptial dans l'horreur du tombeau.

du côté de l'occident. Cette place passait pour la clef la plus importante de la Flandre; elle servait à réprimer les irruptions des garnisons de Montreuil et de Doullens. Elle était néanmoins susceptible d'une attaque imprévue, le jour comme la nuit, à cause du voisinage des bois du Forestel. On y comptait huit portes; savoir : au nord, la porte du Château ; du côté de St.-Georges, au-dessus de la rive droite de la Canche, la porte des Poulets; vers la rive gauche, celle des Petits-Prés ou Voyeux, et celle de St.-Georges; dans le premier retour, la porte du Mesnil; du côté qui regardait le midi, la porte Beaumont; dans le second retour, la porte Puterie; enfin, dans le dernier retour en forme circulaire, la porte de la Warenne (ou Garenne), située au delà de la Canche. Ses églises principales étaient un collége de chanoines sous l'invocation de St.-Martin, les paroisses de Notre-dame et de St.-Hilaire: ces dernières furent long-temps desservies par le chapitre, et, après lui, par des prêtres particuliers, qui n'étaient que ses vicaires. Il y avait aussi un couvent de Cordeliers, un de Clarisses et un de Sœurs-Noires.

En 1455, on y entretenait des Arbalétriers. Les Échevins y passaient des actes comme les notaires d'Artois. En 1517, Bouldrin-Verquin y était imprimeur.

Les armoiries du Vieil Hesdin étaient huit rayons d'or garnis de seize pommettes en champ d'azur; le petit écusson du milieu était chargé d'une étoile de gueules sur un fond d'or, et d'une autre étoile d'or sur un fond de gueules : la première figurait l'état d'Hélène dans le paganisme, et la seconde, son état dans le christianisme.

Les armoiries du Nouvel Hesdin sont partie d'argent, partie de gueules; l'argent chargé en chef d'une étoile de six raies de gueules, et le gueules d'une étoile d'or.

FONDATION

D'HESDIN-FERT.

Le Nouvel Hesdin fut fondé en 1554, avec les débris de l'ancien, à une lieue plus loin, vers l'ouest, dans l'endroit appelé Mesnil (1). La maison de campagne que Marie d'Autriche y avait fait élever, comme nous l'avons dit plus haut, fut donnée à la commune pour qu'on y plaçât les différens siéges ainsi que l'échevinage. C'est l'hôtel-de-ville qui subsiste encore aujourd'hui.

(2) Le plan d'Hesdin fut dressé (3) par Sébastien d'Oia, d'*Utrecht*, architecte de Charles-

(1) *Mesnil* signifiait habitation, village.

(2) Voyez Hennebert.

(3) Sous la direction d'Emmanuel Philibert de Savoie, prince de Piémont, général de l'armée espagnole.

Quint et de son fils Philippe. On a nommé la place Hesdin-Fert, par allusion à cette devise de la maison de Savoie *F. E. R. T.* que l'on explique ainsi : *Fortitudo ejus Rhodum tenuit.* Le 19 mars 1554, les États d'Artois accordèrent trente mille francs pour la fortifier, à condition que leur pays serait exempt du ban et de l'arrière-ban. Ce ne fut dans son origine qu'une petite forteresse de quatre bastions; mais on l'agrandit en 1593, en y joignant la seigneurie du Mesnil. Elle s'étendit encore en 1607 vers le Marché-aux-Poissons, vers la rue de la Porte-Neuve et celle des Clarisses. La porte dont nous venons de parler fut ouverte en 1611. La rue du Coin-Galbart, près du château, était auparavant le fossé de la ville.

Avant la Révolution, Hesdin possédait:

Une collégiale sous l'invocation de *St. Martin*, et dont la fondation remontait aux anciens comtes; (ce chapitre, placé d'abord provisionnellement dans la paroisse, fut transféré dans l'église du Collége, en 1770).

Trois chapelles du titre de *St. Louis*, instituées dans le château du Vieil Hesdin, à une époque très-reculée; (trois autres chapelles en avaient été distraites, et on les avait affectées aux cures d'Hesdin-Fert, du Parcq et de la Loge.)

Un couvent de Récollets (1) dont on assigne l'origine à l'année 1609, et dont on attribue l'établissement aux libéralités du sire de Tramecourt; (l'église, que nos orages politiques avaient épargnée, et qui servait de paroisse depuis la restauration du culte, fut vendue et démolie en 1813, lorsque l'ancienne église paroissiale eut été rendue à sa première destination (2).

Enfin, un couvent de Clarisses (3), fondé au Vieil Hesdin, par Philippe de Bourgogne, comte d'Artois, et Isabelle de Portugal, sa femme. Les religieuses ne furent transférées dans la nouvelle ville qu'après le siége de 1639. (Ce monastère, détruit en partie, est actuellement occupé par le munitionnaire, qui y a établi ses magasins.)

La Canche traverse Hesdin avant de mêler ses eaux à celles de la Ternoise. La grande place est un octogone d'une régularité parfaite.

Cette ville est le chef-lieu d'un canton qui

(1) 24 religieux.

(2) Aux frais de la Commune et sous les auspices de M. Danvin, Maire d'Hesdin.

(3) 20 religieuses.

comprend 24 communes, 10,825 hectares de terre imposable, et 14,000 habitans.

RÉCEPTION

DES PREMIERS BOURGEOIS D'HESDIN,

ET INSTALLATION

DES PREMIERS MAYEURS ET ÉCHEVINS (1)

DE LADITE VILLE.

PIÈCE AUTHENTIQUE.

Du 7 mai 1563, pour autant que les guerres par lesquelles feu, de noble mémoire, l'empereur notre sire, que Dieu absolve, auroit conquis sur le roy de France le château et

(1) Hesdin avait un Échevinage dont la juridiction s'étendait sur Marconne, S.t-Georges, le Vieil Hesdin, S.te-Austreberthe, Grigny, Fresnoy et Wail. Les jugemens de l'échevinage se portaient par appel au Bailliage royal d'Hesdin qui, dès 1640, ressortissait du Parlement de Paris. Après le Traité de

ville de Hesdin là Vieille, le tout mis en ruine et en désolation, comme auroit esté et apparent estre à l'advenir, et que, par ce moyen, la loy échevinale auroit esté estinte et ensemble la bourgeoisie aussy perdue, et depuis auroit le roy, notre sire, fait construire et de nouveau ériger cette ville de Hesdin, où il auroit, en vertu de lettres-patentes, establi loy et échevinage, icelles lettres en forme de plancquart en datte du mois de may de l'an 1562, lesquelles auroient esté publiées à cry public, à la forme et manière accoutumées de faire cry public, qu'en suivant lesdites lettres d'établissement du dit échevinage auroit *hault*, noble et puissant seigneur *Antoine de Helfault*, chevalier, seigneur du dit lieu, gouverneur et bailly des ville et bailliage du dit Hesdin, fait appeller par devant luy noble homme *François* d'*Archy*, chevalier, seigneur de Bofres apparu (1) d'un enseigne de pied audit Hesdin, *Jean Canart*, lieutenant, et *Guillaume de Lahaye*, escuyer, sieur *De Quiquencourt*, qui ont fait pour l'ab-

Madrid, ce Bailliage fut du ressort du Conseil d'Artois.

Hesdin avait aussi une Maîtrise des eaux et forêts, et un Juge des Fermes.

(1) C'est-à-dire accompagné.

sence du seigneur maître *Pierre Lestimer*, escuyer, licencié ès loix, avocat et conseiller du roi, notre sire, audit bailliage de Hesdin; *Jehan Berteau*, receveur aussi de Sa Majesté audit Hesdin, avec *Jacques Hanotel*, greffier du dit bailliage et prévosté de Hesdin; où illecq ensemble congrégés en chambre, et auroient meurement, et par même délibération de conseil, procédé à la célébration des Maïeurs et Échevins d'icelle ville; et fut, en premier lieu, élu pour Maïeur *Pieux Labouriel,* M.d brasseur; *Pierre Delegove,* orphèvre, argentier et commis-échevin d'icelle ville; *Michel Blanchart*, 2.me Échevin; *Jean Platel*, aussi marchand, 3.me Échevin; *Philippe Caulier*, aussi marchand, 4.me Échevin; *Pierre Hachin,* aussi M.d brasseur, 5.me Échevin; *Gerry d'Estrées*, aussi M.d drapier, 6.me Échevin; tous gens de bonne fame, renommée, de bonne conduite et conversation, et, pour accomplissement parfait de la ditte loy, fut *Pierre Paulin*, premier postulant au siége et bailliage dudit Hesdin, élu et étably lors procureur de la ditte ville, et *Philippe le Barbier*, greffier de cette ville.

Suivent les noms de ceux qui ont prêté serment pour être reçus Bourgeois.

Depuis

Depuis la fondation d'Hesdin-Fert jusqu'au siége de 1639, l'histoire de cette ville naissante ne nous offre rien de bien remarquable. Nous observons seulement qu'en 1582, le duc d'*Alençon*, quatrième fils de *Henri II*, ayant porté du secours aux Flamands, et s'étant emparé de Cambrai, un parti de Français sortit de cette place, fit une incursion en Artois, passa sous le canon d'Hesdin, pilla et réduisit en cendres l'abbaye de Dommartin, celle de Ruisseauville, et dévasta ensuite celle de St.-André-aux-Bois.

Ce parti était composé de protestans, et ces excès, commis à la vérité sur le territoire des Espagnols, mais dans des monastères que l'on aurait dû respecter, décélaient déjà l'irritation des esprits. C'étaient les préludes des maux que les guerres de religion devaient attirer sur la France.

PLAN DE LA VILLE D'HESDIN,

Assiégée par le Maréchal de la Meilleraie, le 20 Mai 1639, et rendue à l'obéissance de Sa Majesté LOUIS XIII, le 30 Juin suivant.

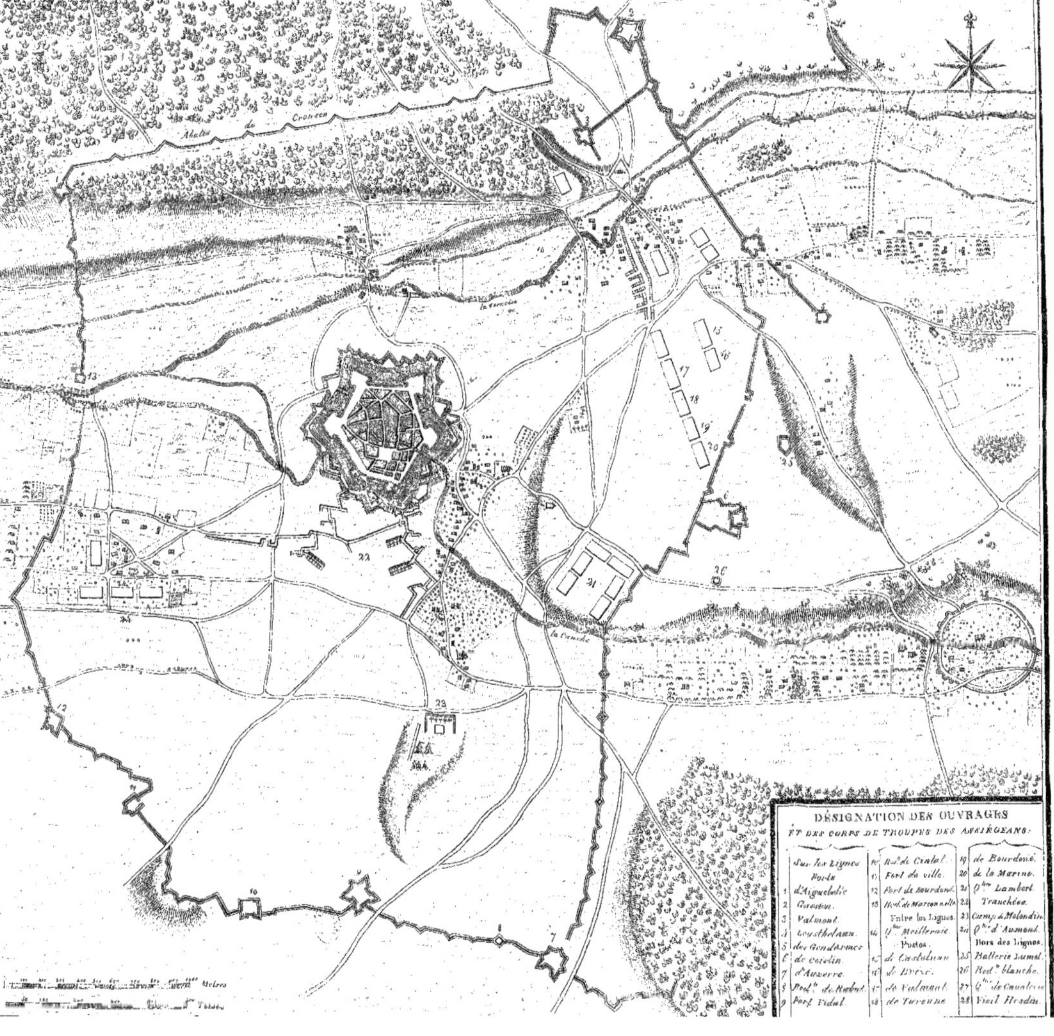

SIÉGE D'HESDIN,

TRADUIT

DU FRANÇAIS D'ANTOINE DE VILLE.

1639.

Les Espagnols commençaient à nous regarder d'un œil de mépris, et à rejeter toutes nos propositions de paix ; dans leur fol orgueil, ils se croyaient vainqueurs, parce qu'ils n'étaient pas toujours vaincus. Oubliant la prise de Brisach, de Castelet, de Renti (1), la défaite de toutes leurs armées d'Allemagne, ils s'imaginaient avoir beaucoup gagné parce qu'ils n'avaient pas perdu St.-Omer et Fontarabie. Quelques succès obtenus du côté de l'Artois vinrent fortifier cette opinion ; mais la présomption conduit tôt ou tard les hommes à leur perte : ils en firent bientôt la triste expérience.

(1) *Renti* était une place forte située sur l'Aa.

Déjà leurs détachemens pénétraient dans la Picardie, et s'avançaient jusqu'aux portes d'Abbeville, d'Amiens et de Montreuil, ravageant les campagnes, brûlant les villages, enlevant les bestiaux et même les cultivateurs. Bientôt nous usâmes de représailles, et nous mîmes à feu et à sang l'Artois et le Cambrésis. Notre butin était toujours plus considérable que le leur, et, quand les partis se rencontraient, nos soldats avaient fréquemment l'avantage. Cependant leurs pertes ne réparaient pas les nôtres; les villages étaient abandonnés, les champs en friche, enfin les deux provinces limitrophes paraissaient désertes. Les habitans des villes voisines n'osaient plus entreprendre un voyage, quelque court qu'il fût, et cette crainte était assez fondée : car l'Authie, qui sépare les deux contrées, étant guéable en plusieurs endroits, et n'étant gardée sur aucun point, laissait un libre passage aux troupes, qui attaquaient et se retiraient impunément.

Les forces des Espagnols étaient ordinairement concentrées à Hesdin. C'était au sein de cette ville qu'ils méditaient leurs incursions, c'était de-là qu'ils les exécutaient. Protégés par la force de la place et par une garnison nombreuse, ils fondaient sur nos frontières, insultaient nos forteresses et retournaient paisiblement dans leur retraite. Pour mettre à l'abri de ces attaques multipliées le Ponthieu, les gouvernemens de Montreuil, de Boulogne, et en même temps pour avoir la facilité d'inquiéter S.t-Omer, Aire, Béthune et Arras, le siége d'Hesdin fut résolu. L'entreprise n'était ni sans difficultés ni sans dangers: car les ennemis avaient épuisé toutes les ressources de l'art pour rendre la place imprenable.

Cette ville est située daus une vallée délicieuse où se réunissemt la Ternoise et la Canche, dont les eaux traversent la plaine, arrosant de riantes prairies et de nombreux jardins. Du côté du nord (1), elle est couverte par la forêt et par la montagne sur le penchant de laquelle s'élève l'église de St.-Leu; au pied de cette montagne est le faubourg du même nom, qui ne communique avec la ville que par une digue étroite; tout le reste est inondé et présente l'aspect d'un vaste bassin entouré d'écluses. Du côté du midi (2), le terrein est aussi élevé que la montagne

(1) Vers l'Artois.

(2) Vers la Picardie.

opposée : il offre un front inégal, entrecoupé de ravins et de vallons. Toutes les hauteurs sont tellement éloignées de la place qu'elle se trouve presque hors de la portée du canon (1). Vers l'orient, à la distance de mille pas, est l'extrémité de la colline dont la croupe sépare les deux rivières. A l'occident, la vallée, s'étendant le long de la Ternoise et de la Canche réunies, forme une vaste plaine entrecoupée de ruisseaux d'eau vive et couverte d'avenues d'ormes et de tilleuls qui contribuent à rendre le paysage pittoresque.

Le corps de la place se compose de six *bastions* (2) revêtus de briques, excepté un qui est de terre, *fraisé* et *palissadé*. Les flancs sont couverts d'*Orillons* ronds ; les *défenses* sont de *juste* portée ; les *corps* quoique inégaux ont assez de régularité ; les remparts et les parapets sont en fort bon état ; plusieurs *cavaliers* garnissent les *bastions*. La largeur des fossés varie depuis 120 jusqu'à 150 pieds ; ils ont jusqu'à 25 pieds de profondeur.

(1) De ce temps-là.

(2) Ce sont les bastions de *Richelieu*, du *Prince*, du *Marquis*, du *Duc*, du *Roi* et de *La Meilleraie*.

Du côté du lieu attaqué, la contrescarpe était double, flanquée de bons redans, et palissadée avec des pieux ferrés à quatre pointes. Poudre, grenades, boulets, bombes, feux d'artifice, munitions de toute espèce étaient accumulés dans la place. Les remparts étaient hérissés de canons et défendus par une forte garnison. Aussi regardait-on Hesdin comme la clef de la Flandre.

Des rapports très-circonstanciés avaient presque convaincu le Roi de l'impossibilité de la réussite ; il résolut néanmoins de tenter la fortune. Vingt-cinq mille hommes d'infanterie, sept mille hommes de cavalerie, trente pièces de canon et tout l'attirail nécessaire à un siége furent rassemblés. Pour en diriger les opérations, on choisit La Meilleraie, grand-maître de l'artillerie. Les troupes se mirent en marche, et traversèrent une partie de la France avec un ordre parfait, fruit de la discipline que leur chef avait su introduire parmi elles.

Doullens était le lieu fixé pour le rendez-vous de l'armée, dont le premier corps passa par Abbeville, et le second par le Pont-de-Rémi. Les troupes, étant réunies, prirent la route de

St.-Pol. De-là, elles marchèrent vers Lillers, qui se rendit sans coup férir. Le capitaine des mousquetaires, Gassion resta dans cette ville pour en prendre le commandement. Gassion, après avoir fait une tentative inutile pour s'emparer d'un bourg voisin d'Aire, où les villageois d'alentour s'étaient réfugiés avec ce qu'ils avaient de plus précieux, ne voulut pas perdre le temps à réduire des paysans dont la résistance pouvait se prolonger encore, parce que ses soldats étaient dépourvus d'artillerie et de pétards. Il continua sa marche.

Le 17 mai, l'armée s'avança jusqu'à une lieue d'Aire. Le grand-maître, accompagné de Coislin et de La Frégelière, alla reconnaître la place, à la tête de douze cents chevaux et de six cents mousquetaires : il approcha des contrescarpes. Alors les murs parurent tout en feu, tant les mousquetades et les coups de canon se succédaient avec rapidité. La garnison, qui s'imaginait qu'on venait assiéger la place, et qu'on l'investirait ce jour-là, cessa de craindre le lendemain : car les Français allèrent camper sur les ruines de Térouane, que les Impériaux avait détruite en 1553, par l'ordre de Charles-Quint.

Le 19, on arriva à Blangy, et l'on régla l'ordre que l'on tiendrait le lendemain pour faire les *approches d'Hesdin*. Le grand-maître partit pendant la nuit, suivi de ceux qui devaient investir la place.

Le 20, on se mit en marche. La cavalerie étrangère, commandée par Gassion, composait l'avant-garde; les régimens d'infanterie suivaient, chacun selon leur rang; *Piémont* à la tête, *Champagne* à la queue; au centre était l'artillerie avec tout le bagage. La cavalerie française formait l'arrière-garde. Quelques éclaireurs précédaient les troupes pour assurer leur marche, attendu que la nature du terrein ne permettait pas de donner au front de l'armée le développement convenable.

Le 20, on campa à une demi-lieue d'Hesdin. Aussitôt que les ennemis eurent aperçu nos soldats, ils mirent le feu aux deux faubourgs avec une telle précipitation que les habitans furent contraints de se retirer dans la ville, sans avoir le temps de rien sauver des flammes. Sur ces entrefaites, l'artillerie de la place tirait sans discontinuer. Nous eûmes quelques soldats blessés. Ce jour-là et tout le jour suivant, l'armée travailla au campement. On entreprit en même temps la circonvallation depuis la Ternoise jusqu'à la Canche.

Le 22, on commença à ouvrir les tranchées; un chemin creux contribua beaucoup à accélérer les travaux. Deux attaques furent décidées: l'une fut confiée à Piémont et l'autre à Champagne. Chacune d'elle devait être commandée par deux maréchaux de camp : la première, par Coislin et Gassion; la seconde, par Lambert et La Frégelière. Pour assurer les tranchées contre les sorties, on éleva une redoute à chaque tête. Du côté de Champagne, la redoute était déjà commencée par la nature même du lieu : peu de travail suffit pour l'achever. Elle pouvait contenir 200 hommes; quant à l'autre, elle n'en contenait que 100 : toutes deux étaient à l'épreuve du canon. Trois jours furent employés à ces ouvrages.

Le 25, on travailla aux batteries. Les assiégés ne cessaient de faire pleuvoir les balles et les boulets sur les travailleurs, tout le jour et même une grande partie de la nuit, après avoir éclairé la campagne avec les feux d'artifice; mais l'ardeur de nos soldats semblait croître avec les obstacles. Aussi malgré tous ces efforts, nos canons commencèrent à jouer le

27, du côté de Champagne, et le 28, du côté de Piémont. Dans chacune de ces batteries qui avaient 18 pieds d'épaisseur, neuf pièces tiraient contre les défenses et les parapets, afin de favoriser nos travaux. Au bout de quelques jours, malgré la solidité des batteries, les assiégeans furent réduits à se servir de *paniers*, et à s'abriter dans des fossés qu'ils avaient faits derrière les terres éboulées, afin de tirer à couvert.

Tandis qu'on travaillait aux batteries, St.-Amans prépara un *réduit* pour un mortier qu'il fit jouer incontinent. Les bombes qu'il lançait avaient une forme oblongue, 11 pouces de diamètre et 18 pouces de hauteur. Pour s'en garantir, les assiégés placèrent sur le rempart tourné de ce côté, une sentinelle qui était spécialement chargée d'y veiller, et qui, aussitôt qu'elle aperçevait une bombe, criait *gare la bête.*

Cependant le Roi était parti de St.-Germain, le 25 mai, suivi d'une foule de courtisans qui, voulant participer à la gloire de l'entreprise, rivalisaient d'ardeur. Le cardinal de Richelieu était du voyage.

Le Roi arriva le 30 mai à Abbeville, où le

cardinal, avec sa suite, se rendit le même jour par un autre chemin, pour ne pas surcharger de logemens les habitans des lieux par où il passait.

Les deux attaques commencées étaient dirigées contre les deux bastions qui regardent la France. L'eau, qui couvrait presque tout le reste du contour de la place, nous ôtait les moyens d'en tenter une troisième. A la vérité, les chaussées des faubourgs étaient encore à sec; mais elles étaient trop étroites pour qu'on pût y conduire les tranchées, et les détours les rendaient très-longues. Celle de St.-Leu est traversée par la Ternoise, sur laquelle était alors un pont de bois fortifié par une redoute élevée devant, et par un autre petit ouvrage placé derrière. Comme ce lieu était très-favorable aux assiégés, soit pour donner de leurs nouvelles, soit pour recevoir des secours qui, arrivant par faibles détachemens, pouvaient pénétrer jusque-là à la faveur du bois et de l'obscurité, et se glisser dans la place d'autant plus facilement qu'aucun régiment n'occupait cette partie, on mit dans l'église de St.-Leu une garde qui fournissait un grand nombre de sentinelles et de postes qu'on logeait le long du bois. Les patrouilles étaient sur pied toute la nuit, et la cavalerie battait l'estrade, de sorte qu'il était devenu presque impossible d'échapper à la vigilance de nos soldats.

Les ennemis, qui connaissaient parfaitement le pays, mais non pas nos dispositions, crurent pouvoir jeter du secours dans la place. Dans cette intention, ils choisirent dans leur armée 300 hommes déterminés auxquels ils donnèrent de bons guides qui devaient les conduire de nuit dans la ville. La prévoyance du grand-maître fit échouer leur projet; ils furent découverts par nos soldats avant d'avoir pu gagner la forêt. On fit 17 prisonniers, parmi lesquels se trouvaient deux caporaux, l'un espagnol et l'autre italien. Le reste s'échappa, secondé par le lieu et par la nuit.

Quelques jours après, on arrêta un Alfier (1) de bonne mine et d'une taille avantageuse, il était seul, et dit avec une noble hardiesse, qu'il allait se jeter dans la place, pour acquérir de la gloire et servir son souverain. On lui trouva

(1) Alfier, s. m., nom espagnol (*Alfiere*) qui signifie porte-enseigne, et qui est passé dans notre langue à l'occasion des Flamands qui servent dans les troupes d'Espagne. (*Manuel-lexique de l'abbé Prévost.*)

quelques chiffres. Il fut envoyé au Roi avec les autres prisonniers.

Quoique les précautions qu'on avait prises parussent suffisantes pour interdire ce passage aux ennemis, le grand-maître fit abattre le long du bois, à la distance de plus de 40 toises, une grande quantité d'arbres qui, en tombant, s'entrelaçaient tellement qu'ils formaient un rempart impénétrable (1).

Les tentatives réitérées que l'ennemi faisait de ce côté seulement, nous annonçaient assez qu'il ne connaissait point d'autre accès, et que c'était pour le conserver qu'il avait fortifié le pont. Pour sortir d'inquiétude à cet égard, nous résolumes de prendre la redoute qui le couvrait. Le régiment de Bresé en reçut l'ordre, le jour qu'il était de garde de ce côté. D'Aigueber, lieutenant-colonel, suivi de deux capitaines et de 200 hommes, s'avança, la nuit, pour reconnaître le poste, et commanda l'attaque. Les ennemis, après avoir fait leur première décharge, furent pressés si vivement par nos soldats, qu'ils lâchèrent le pied et se retirèrent en dé-

(1) De Crouson conduisit cette opération et l'acheva en peu de jours.

sordre dans le retranchement qu'ils avaient au delà du pont. Poursuivis l'épée dans les reins sans pouvoir se défendre ni profiter de l'avantage du lieu, ils cèdent. Les Français, restés maîtres du terrein, enduisent le pont de goudron et y mettent le feu. Pour accélérer l'exécution de cette mesure, ils transportèrent en cet endroit une grande quantité de bois. Ce fut alors que les ennemis perdirent l'espérance de communiquer avec le dehors. Quant à nos soldats, joyeux d'avoir réussi sans perdre un seul homme, ils se retirèrent dans la redoute qu'ils tinrent jusqu'à la fin du siége, et dont ils se servirent pour neutraliser les efforts que faisaient leurs adversaires, afin d'introduire des secours dans la place.

Cependant, nos tranchées avançaient tous les jours, et le jeu de nos batteries emportait les défenses et écrasait les murailles. Les assiégés, de leur côté, tiraient, le jour sur les travailleurs et sur les travaux, la nuit souvent à coups perdus, et quelquefois avec succès. D'Aumont se rendait à toute bride à son quartier par un chemin assez éloigné, lorsque son cheval eut la tête emportée d'un coup de canon. Un officier qui était resté à couvert une grande partie de la nuit, devint la victime d'un accident de même nature, parce qu'il avait eu l'imprudence de lever la tête. Ainsi, par une espèce de fatalité, les uns paraissent courir au devant de la mort, tandis que les autres semblent l'attendre.

Le réduit où St.-Amans avait mis son mortier étant un peu trop éloigné, il en plaça un autre dans un lieu plus voisin, et les fit jouer tous deux. Les ennemis essayèrent de le déloger par des décharges continuelles; mais leur peine fut infructueuse.

Le Roi ne s'arrêta que deux jours à Abbeville, et ce fut plutôt pour donner les ordres exigés par les circonstances, que pour se remettre des fatigues du voyage. Le troisième jour, il arriva devant Hesdin, visita les quartiers, la circonvallation, et voulut connaître l'état des attaques. Le grand-maître le reçut dans sa tente.

Cette nuit, les contrescarpes furent ouvertes et prises. Les tranchées étaient avancées jusqu'aux glacis; on les continua jusqu'à ce qu'on fût dans le chemin couvert où le régiment de Bresé entra précédé de 20 soldats conduits par deux sergens, et d'une troupe de travailleurs.

Le

Le régiment de Piémont garda le même ordre, tous deux donnèrent en même temps : bientôt les ennemis cédèrent à leurs efforts. Il n'y eut que ceux qui occupaient les courtines, qui essayèrent de nous chasser à force de mousquetades et de feux d'artifice; mais nos soldats ne tardèrent pas à se couvrir, et n'essuyèrent qu'une perte très-légère.

Du côté de Piémont, la contrescarpe était simple; mais elle était double du côté de Champagne, à la tête la plus avancée, devant la pointe du bastion, qui était aussi flanquée de bons redans palissadés tout autour avec des pieux ferrés à quatre pointes : il ne fallut ni les arracher ni les rompre, parce que nous pratiquâmes le passage dans le sol. Quand nous fûmes logés dans cette contrescarpe, les ennemis abandonnèrent l'autre, parce qu'elle était imparfaite et ne pouvait être long-temps défendue.

Le 4 juin, le roi m'ordonna de tracer en sa présence quelques lignes et quelques forts dans les lieux où ils manquaient. Il prit la peine d'y travailler lui-même, et me commanda de faire renforcer les autres et de continuer à y donner tous mes soins.

En quatre jours, les forts furent élevés et les lignes renforcées. L'activité de l'évêque d'Auxerre nous fut très-utile dans cette circonstance.

Je crois devoir interrompre ici le récit des opérations du siége, pour tracer la description du camp et de la circonvallation.

Du côté de l'Artois, étaient la montagne et la forêt où l'on avait fait l'abatis, à la tête duquel, vers l'occident, se trouvait un fort en étoile auquel on avait donné le nom d'*Aiguebelle.* Il avait des lignes flanquées de redans et de redoutes qui descendaient par les marais jusqu'à la rivière; à l'autre extrémité de l'abatis, vers l'orient, était le fort Valmont composé de quatre demi-bastions où l'on avait employé des claics au lieu de gazon pour soutenir la terre. En avant, sur une éminence qui commandait notre camp, s'élevait le fort Gassion fait aussi en étoile, entouré d'une palissade et ayant une contrescarpe bordée d'une seconde palissade et environnée d'un fossé profond. Ces deux forts communiquaient entre eux par une ligne double flanquée d'unc redoute, au milieu. Une forte palissade régnait entre les deux lignes. Depuis le fort Gassion; descendait une ligne double flanquée de deux redans et d'une redoute de 25 toises de face. La palissade s'étendait aussi entre les deux lignes qui passaient par les marais jusqu'à la rivière, afin d'aller se réunir aux autres qui étaient tracées entre la Ternoise et la Canche, où se trouvait la majeure partie des troupes. Des redans flanquaient toutes ces lignes.

Pour commander la plaine, plusieurs forts avaient été construits de ce côté. Le premier, nommé Lousthelnau, était près de la Ternoise (1). Un peu plus loin, se trouvait une redoute de 25 toises de face (2); sur une hauteur qui découvrait les avenues, on avait construit une batterie flanquée, assez grande pour contenir douze canons. Le fort Coislin, formé de quatre demi-bastions, était situé sur la cime de la montagne. Ce fort et celui de Gassion étaient, sans contredit, les plus importans de toute la circonvallation, parce qu'ils dominaient toutes les avenues. A droite et à gauche de ce fort, des lignes flanquées de redans servaient de communication avec les tranchées; elles étaient

(1) Il consistait en cinq demi-bastions.

(2) C'était le fort des gendarmes.

aussi destinées à recevoir des canons qui découvraient les vallées des deux côtés. Sur la descente, vers la Canche, était encore une redoute aussi grande que l'autre (1). Ces forts ou redoutes s'élevaient devant les lignes, à une distance d'environ 50 toises; ils étaient tous à l'épreuve du canon. Les fossés avaient neuf pieds de profondeur, dix-huit pieds de largeur à leur surface et sept à leur base. Le fossé des lignes était profond de huit pieds, large de six pieds à la base, et de douze à la surface. Les terres qu'on en avait extraites, formaient un parapet garni d'une banquette assez haute pour couvrir les soldats.

Les Suisses étaient campés partie en deçà partie au delà de la Ternoise. Les gardes occupaient le voisinage du quartier du roi. Près d'eux était Piémont. Le régiment de la marine en était séparé par une grande place ; ensuite on rencontrait successivement Bourdoné, Turenne, Valmont, Mondéjus, Brézé, Castelnau.

De l'autre côté, Champagne bordait la rivière, il avait les Ecossais derrière lui. Près de lui, était La Meilleraie, et plus haut campaient

(1) C'était la redoute Blanche.

Bellebrune, Bellefont et Courtemer; Bretagne, Epagny, Villequiers et Lannoy étaient à l'opposite, vis-à-vis du fort d'Aiguebelle. La cavalerie de Gassion se trouvait hors des lignes vis-à-vis des gardes et de Brézé; le reste était logé au Vieil Hesdin et dans quelques autres villages d'alentour.

Le quartier du grand-maître était très-près de la Ternoise. La Frégelière logeait dans une maison voisine, en de-çà de la rivière, et Coislin dans une autre. C'était celle qu'on appelait le quartier du roi. Gassion était resté avec sa cavalerie et Lambert avec le régiment de Champagne.

Les marchands et les vivandiers étaient rangés dans une grande allée d'arbres qui s'étendait depuis le quartier du grand-maître jusqu'à celui de la marine. Etoffes, bijoux, mets exquis, vins délicats, tout se trouvait en abondance dans le camp, et il y régnait un tel ordre qu'on y était plus en sûreté qu'à Paris.

Après la prise des contrescarpes, nous fîmes les logemens sans difficulté. Ils étaient bien couverts et flanqués par les traverses des côtés. On n'y courait pas plus de dangers qu'aux premières tranchées, parce qu'il n'y avait aucune partie qui fût enfilée ou vue de la place. La nature du terrein et les avantages que nos travailleurs avaient su en tirer, rendaient l'ouvrage parfait.

Les premières batteries n'avaient été faites que dans l'intention de renverser les parapets et les hautes défenses, et d'empêcher l'ennemi de nous incommoder dans nos tranchées. Pour approcher davantage et pour se rendre maître de la demi-lune qui était entre les deux bastions, il fallait rompre ce qui la flanquait et ce qui défendait le passage du fossé. Nous plaçâmes nos batteries sur le glacis de la contrescarpe, et nous les approchâmes tellement que les embrasures étaient taillées dans le parapet du chemin couvert, où nous avions un abri. Deux nuits suffirent pour terminer cet ouvrage malgré les grenades, les feux d'artifice, les balles et les boulets des assiégés. De Vercour, qui commandait une de ces batteries, fut tué tandis qu'il ordonnait la charge.

Devant la courtine située entre les deux bastions que nous attaquions, il y avait une demilune que nous devions prendre pour n'être pas vus parderrière, au passage du fossé. Nous continuâmes la tranchée le long du chemin couvert, afin de nous emparer de cette contrescarpe, ce qui nous fut très-facile : car les assiégés l'avaient abandonnée en quittant l'autre. Cette demi-lune avait environ trente toises de face : elle était haute de neuf pieds; le fossé avait douze pieds de profondeur et trente de largeur, les parapets en avaient seize d'épaisseur. Pour rendre l'accès difficile, les assiégés, en coupant la *Berme,* l'avaient remplacée par une palissade de pieux hauts de cinq pieds, et ferrés à quatre pointes. Il y avait un corps-de-garde en dedans ; et derrière, au pied de la contrescarpe, il s'en trouvait un autre qui s'était rempli d'eau depuis qu'on avait arrêté l'écoulement.

Nos canons les plus proches étaient placés de manière à *rompre* les lieux qui défendaient la demi-lune, mais non pas de manière à y faire brèche; les autres ne pouvaient que l'effleurer, parce que le glacis de la contrescarpe et celui des parapets étaient sur la même ligne. La nuit du 8 juin, le régiment de la marine, qui était de garde, reçut l'ordre de se loger dans le fossé, afin que l'on pût y faire un fourneau et que l'on eût la faculté d'ouvrir la face de la demi-lune. Trois sergens, suivis d'un détachement de 60 hommes, s'avancèrent pour combler le fossé avec des fascines. Ils étaient soutenus par un autre détachement de 150 hommes qui, commandés par un capitaine, deux lieutenans et six sergens, faisaient dans la tranchée un feu continuel pour protéger les travailleurs.

Le fossé fut promptement comblé : chacun y portait sa fascine. Les assiégés, de leur côté, tiraient aussi sans relâche, lançant des cercles à feu, des grenades et des artifices. Heureusement pour nos soldats, tous ces efforts restaient sans résultat. Pour établir notre logement, il fallait arracher les pieux. L'entreprise était périlleuse : car elle devait s'exécuter à la vue de l'ennemi et à la lueur de ses mousquetades et de ses feux qui, au milieu de la nuit, formaient un jour très-brillant. Nous n'avions aucun abri. La nécessité, mère de l'industrie, nous suggéra un moyen qui eut quelque succès. On chargea un sergent d'aller attacher une corde aux pieux. Montecler, lieutenant-colonel du régiment de la marine, aidé de Labartete et de quelques soldats, en arracha successivement plus de 80. Nous pouvions alors approcher de la demi-lune; mais, comme il n'y avait ni ouverture ni *rampe*, nous nous trouvions forcés de nous arrêter au pied. Cependant, animés par les avantages qu'ils avaient obtenus, les capitaines et les soldats voulaient en poursuivre le cours. La chose venait d'être résolue, et l'on était sur le point de *donner*, lorsque les assiégés mirent le feu aux fascines. Le grand-maître, moins prodigue du sang de ses soldats que du sien, ne consentit point à cette nouvelle attaque, et permit seulement de sonder les dispositions de l'ennemi par quelques démonstrations hostiles, quand sa première ardeur paraîtrait ralentie. Il se retira pour aller prendre quelque repos, laissant à Gassion le soin de faire exécuter ses ordres.

La nuit étant déjà fort avancée, Labartète et d'autres capitaines témoignèrent à Gassion l'intention d'aller troubler le sommeil des assiégés : ils le pressèrent tellement qu'il accéda à leurs désirs. Aussitôt ils partent précédés de deux sergens et de cinq soldats qui doivent reconnaître les lieux. Un de ces éclaireurs gravit le parapet avec l'aide des autres; il aperçoit les ennemis en désordre, appelle ses compagnons qui le suivent incontinent et s'écrient : *A nous la Marine !* Montecler, à la tête de 60 hommes, s'avance promptement pour les secourir; Gassion et Labartete volent sur leurs pas. Tous se précipitent dans la demi-lune. Surpris d'une attaque aussi inopinée, les ennemis prennent l'épouvante et commencent à plier. Ceux qui occupaient la demi-lune la plus proche, située à gauche, témoins de cette attaque, descendent au pied de la contrescarpe et se glissent le long du fossé pour secourir leurs compagnons et tenter en même temps de s'emparer de nos pièces. Labartete, qui les a découverts, court avec 60 hommes, pour s'opposer à leur passage; il est blessé à l'épaule, en essayant de se jetter dans leur contrescarpe. Néanmoins les ennemis prennent la fuite. Ils se précipitent les uns dans la demi-lune, les autres dans le fossé. Parmi ces derniers, il y en eut un grand nombre de blessés; plusieurs même furent noyés. Cependant les assiégés, placés sur la courtine, faisaient un feu terrible; mais, plus leur résistance était opiniâtre, plus notre attaque était vigoureuse. Persistant dans l'intention de faire leur logement, nos soldats coupent la demi-lune au corps-de-garde, se couvrent et s'en rendent maîtres. Un poste de 60 hommes est placé dans cet endroit. Cependant on travaille à s'épauler dans le fossé et à se mettre à l'abri du côté du bastion qui enfile ce lieu. Les fascines destinées d'abord à combler le fossé servent à cet usage. On creuse aussitôt une rampe dans la contrescarpe, et l'on pratique une ouverture dans la demi-lune afin de pouvoir communiquer sans danger, de la *tranchée* avec le *logement*. On trouva dans cette demi-lune trois caques de poudre, quantité de grenades et de feux d'artifice, quelques piques et quelques *brins-d'estoc*.

Les flancs des bastions étaient couverts d'orillons ronds de douze toises de diamètre. Nous ne pouvions démonter les pièces des ennemis qu'en plaçant les nôtres sur les contrescarpes vis-à-vis des flancs de ces bastions, et cette opération était devenue indispensable, puisque l'on voulait combler le fossé et le franchir. On travailla donc, les jours suivans, à placer les batteries, et ce ne fut pas sans éprouver beaucoup de difficultés ni sans perdre quelques soldats. Mais les avantages qui devaient en résulter, enhardissaient nos troupes et les excitaient à braver tous les dangers. Nos travailvailleurs, exposés au feu de l'ennemi, ne voyaient de ressource que dans l'activité : aussi, l'ouvrage fut promptement terminé : six batteries furent élevées sur les contrescarpes pour emboucher les flancs, rompre les orillons et battre les murailles.

L'hôtel de ville est très-voisin des remparts ; à cette époque, cet édifice était surmonté d'un Beffroi d'où la vue plongeait dans nos tranchées. Les assiégés y logèrent des mousquetaires qui, de ce poste élevé, tuaient nos soldats lorsqu'ils se croyaient le plus en sûreté dans leurs retranchemens. Le grand-maître fit tirer quelques volées de canon pour l'abattre ; mais il ne tarda pas à voir paraître un tambour qui venait le supplier, au nom des habitans, d'épargner un si bel ouvrage. Il promit d'obtempérer à leur demande, à condition qu'ils ne tireraient plus delà. Le lendemain, des balles parties du beffroi ayant renversé morts un officier et plusieurs soldats, on braqua de nouveau le canon contre la tour : quelques heures suffirent pour l'abattre. Au moment de sa chûte, la ville retentit des cris des citoyens vivement affligés de la perte de ce monument. Cette tour, d'une hauteur peu ordinaire, était couverte de plomb, composée de plusieurs arcs-boutans dentelés et enrichis d'ouvrages percés à jour, elle était couronnée de deux grosses boules au-dessus desquelles s'élevait une pomme ornée de fleurs et de feuillage.

Le 9 de juin, nous perçâmes sous la contrescarpe un passage fait en forme de galerie. Les deux corps auxquels on avait confié les deux attaques respectives, y travaillèrent simultanément, et chacun d'eux avança sa galerie jusqu'au bord de l'eau. Les deux passages avaient 5 pieds de largeur et 6 pieds de hauteur. Le grand-maître visitait les travaux deux fois par jour, et y présidait presque toutes les nuits. Les maréchaux de camp, Coislin et Gassion d'un côté, Lambert et la Frégelière de l'autre, les surveillaient avec une assiduité extrême. Tous les officiers, parmi lesquels on a distingué le capitaine le Rasle (1) et le chevalier de la Valière, suivaient l'exemple de leur général et déployaient la plus grande activité.

Vis-à-vis des bastions que nous attaquions, les fossés étaient pleins, larges de 135 pieds, profonds de 15 pieds au milieu et de 6 vers les bords. Ce n'était qu'en les comblant qu'on pouvait approcher des bastions. Nous com-

(1) Du régiment de Champagne.

mençâmes à y travailler le 6 de juin, en y jetant une grande quantité de terre et de fascines que les charrettes transportaient dans les tranchées éloignées, et les soldats de là jusque dans les fossés. Les ennemis nous opposaient le feu et l'eau, et, quoique ces élémens soient contraires, ils s'accordaient pour nuire. L'eau, arrêtée par les écluses, s'éleva insensiblement. A mesure qu'elle croissait, notre travail semblait décroître. Bientôt elle surpassa de six pieds la partie que nous avions comblée. Nous continuâmes néanmoins, et nous eûmes le bonheur d'en triompher.

Le 11 juin, pour faire brèche à la muraille, les mineurs passèrent du côté de Champagne, avant que le fossé fût entièrement comblé. Ils le traversèrent heureusement à la nage, s'attachèrent au pied du bastion, au milieu de la face, et se couvrirent à gauche des ruines qui, détachées par le canon, remplissaient le fossé et s'élevaient de six pieds environ au-dessus du niveau de l'eau. Ils se mirent à creuser sur le champ et pressèrent l'ouvrage avec tant de vigueur, qu'avant la fin de la nuit ils se trouvaient à couvert, et pouvaient travailler en sûreté. Deux mineurs furent tués en essayant de passer du côté de Piémont. Un troisième, craignant d'éprouver le même sort que ses compagnons, différa d'heure en heure jusqu'au point du jour, et, malgré les exhortations et même les menaces du grand-maître, il s'obstina à attendre, retenu par un funeste pressentiment. Enfin, il dit adieu à ses frères d'armes et partit. Il ne fut pas plutôt arrivé au bastion, qu'un boulet l'atteignit et lui traversa le corps.

Pour faire passer les soldats de ce côté, on se servit d'un pont de joncs. Ce sont de gros joncs de marais liés en fagots qui ont un pied de diamètre et huit pieds de long. On les revêt de toile. Dix de ces fagots sont attachés ensemble à trois fortes branches qui les tiennent assujettis ; le dessus est couvert de claies. Ces ponts flottent et peuvent porter trois ou quatre hommes. Un soldat, ayant traversé le fossé à la nage, avait attaché contre le bastion une boule par où passait une corde liée à un bout du pont, et servant à le faire avancer de ce côté. Pour lui imprimer un mouvement rétrograde par le même moyen, on avait attaché une autre corde à l'autre extrémité.

La mort de ces trois mineurs retarda l'ouvrage jusqu'au lendemain, 12 juin. Cependant on fit tirer toute la journée, au même endroit de la face du bastion, les canons qui avaient été mis en batterie vis-à-vis, sur la contrescarpe. On y pratiqua une ouverture longue de 5 pieds, large de 4 et profonde de 3. Le grand-maître appréhendait un accident semblable à celui qui était arrivé la nuit précédente ; les hommes qu'il avait désignés partageaient ses craintes. Le péril était grand en effet : car les ennemis, à la faveur de leurs feux, voyant distinctement le fossé, faisaient pleuvoir une grêle de balles sur ceux qui tentaient le passage, et laissaient couler ensuite le long de la muraille des grenades et des feux d'artifice, si par hasard leurs adversaires avaient échappé à leurs coups. Un des domestiques du grand-maître offrit néanmoins d'aller faire le logement, passa sur le pont de joncs, cette même nuit, avec les mineurs qu'il logea et mit à l'abri, en leur formant un toît avec des madriers qu'ils avaient apportés, de sorte qu'ils travaillèrent en sécurité.

Sur ces entrefaites, on apprit que Feuquières avait été battu par Picolomini (1), et l'on crai-

(1) Le 7 juin 1639, Picolomini défit le marquis de Feuquières qui assiégeait Thionville ; nous y eûgnit

gnit que ce dernier, après avoir obtenu cet avantage, ne réunît ses troupes à celles du cardinal Infant, pour venir au secours de la place. Quoique notre armée fût assez forte pour leur résister, on jugea à propos de ne négliger aucun des avantages que le terrein pouvait présenter. Nous renforçâmes toutes nos lignes; on creusa et on élargit les fossés de tous les forts; la terre qu'on en tira, servit à donner aux parapets plus d'épaisseur et de hauteur; on disposa les lieux destinés à recevoir les canons, et l'on fit les batteries. Le fort de Coislin étant un point très-important, parce qu'il se trouvait séparé de la circonvallation, on tira, sur les côtés, deux lignes bien flanquées, qui servaient de communication. Pour loger le canon, on pratiqua dans les flancs des embrasures qui, de part et d'autre, découvraient toutes les avenues et s'opposaient à l'approche de l'ennemi. En trois jours, ces travaux furent en très-bon état, et mirent le camp à

mes plus de 6000 hommes tués ou faits prisonniers : M. de Feuquières mourut peu après de ses blessures. Le Cardinal de Richelieu se prit de cette défaite au comte de Grancei, depuis maréchal de France, et au marquis de Praslin, qui furent mis à la Bastille. *Hénault*, Tablettes Chronologiques.

l'abri de toute attaque du côté de l'Artois et entre la Canche et la Ternoise.

Quoique Desnoyers (1) fût occupé d'affaires de la plus haute importance, il vint prendre connaissance de l'état du siége et pourvoir à ce qui restait à faire.

Le 14 juin, on chargea la mine du côté de Champagne, et ce ne fut pas sans difficulté, parce que les ennemis avaient vu le passage qu'on établissait sur le fossé, et même le lieu où les mineurs travaillaient, à cause de la grande quantité de terre qu'on avait jetée dehors. Il fallait traverser tout le fossé à découvert sur les fascines, et on ne pouvait le faire la nuit, à cause des feux et des artifices que les assiégés lançaient. On fut contraint de la charger de jour à la faveur des pièces d'artillerie, qui tirèrent sans interruption sur les lieux qui découvraient et flanquaient ce passage. Cela n'empêcha pas l'ennemi de nous tuer plusieurs soldats, et de mettre le feu avec les grenades aux sacs de poudre qu'ils portaient. Cependant St.-Amans, capitaine des mineurs, était dans les fourneaux; il arrangea les sacs de poudre, boucha la mine, y

(1) Il était Secrétaire d'Etat.

plaça la saucisse, et fit toutes les dispositions nécessaires.

Les ennemis virent bien que, pour troubler nos soldats et interrompre leurs travaux, il ne suffisait pas de tirer sur eux, sans oser paraître. Une sortie fut résolue. Elle devait avoir lieu dans la nuit du 13 au 14 juin, vers le point du jour. Le régiment de Castelnau, assez faible et composé de jeunes soldats, était en garde du côté de l'attaque et de Piémont; la sentinelle, placée à la tête de la tranchée, était endormie, lorsque les assiégés, s'étant glissés le long de leur contrescarpe, la surprirent et la tuèrent. A l'instant, ils s'élancent dans les tranchées et fondent sur nos soldats. Trouvant les uns plongés dans le sommeil, les autres sans défense, et voyant les troupes dispersées, ils égorgent les premiers qu'ils rencontrent. Déjà leurs adversaires commençaient à fuir, lorsque le Mestre-de-camp Castelnau, suivi des capitaines et des officiers de son régiment, s'avance l'épée à la main, réunit quelques hommes et fait tête aux ennemis. Nos soldats, revenus de leur surprise, se rallient, chargent les Espagnols et les chassent: Castelnau les poursuit jusque dans les contrescarpes. Ceux de la place, pour favoriser la retraite des leurs, éclairent aussitôt les tranchées avec les artifices, et font entendre une triple salve de mousquets, de grenades et de canons. Ils continuent ainsi jusqu'à ce qu'ils voient paraître nos soldats, et blessent ou tuent plusieurs de ceux qui sont sortis des tranchées. Dans cette affaire, nous eûmes un capitaine blessé; nous perdîmes deux autres capitaines, six sergens et 60 soldats. Quant à la perte des ennemis, elle fut peu considérable. Ils eurent à regretter un officier de *fort bonne mine*, tué dans notre batterie la plus avancée.

Le lendemain, pour prévenir toute tentative de même nature, on établit un corps de garde à la tête de la tranchée.

La mort des premiers mineurs ayant retardé les travaux de la mine que l'on avait commencée du côté de Piémont, le grand-maître jugea à propos de faire jouer celle de Champagne, pour ne pas laisser à l'ennemi le temps de la contreminer, et afin de pratiquer un logement dans ses ruines. Dans cette intention, outre les soldats de garde, il commanda 400 hommes, choisis dans tous les régimens. Vingt hommes munis de pics et de pelles, devaient passer et entreprendre l'ouvrage sous la conduite de deux sergens. Cinquante autres étaient chargés de leur porter des sacs, des barriques, des planches et tout ce qu'il est nécessaire d'avoir pour se loger et pour se couvrir. Cent fantassins étaient sous les armes dans les tranchées, afin d'être prêts à secourir les travailleurs à la moindre alerte; le reste des 400 hommes était placé derrière ces derniers, pour les soutenir. La tranchée était bordée de mousquetaires de la garde, qui devaient la tenir continuellement en feu ; tous les canons étaient chargés et braqués contre le lieu où l'on devait se loger, et contre ceux qui le flanquaient. Lorsque les préparatifs furent terminés et les ordres donnés, les soldats s'étant éloignés pour se soustraire aux dangers de l'explosion, on mit le feu à la mine dans la nuit du 14. La muraille s'ouvrit, sauta en éclats, et la terre qui était derrière, s'éboula. La brèche avait plus de dix toises de largeur, et il eût été très-facile de s'y loger; mais *l'étonnement* de la mine écarta du passage une partie des fascines, et le reste fut enfoncé par le poids de la muraille qui l'avait surchargé de ses ruines. Il ne resta plus que le commencement du passage que nous avions fait. Ainsi, nous échouâmes dans cette entreprise, sans éprouver cependant d'autre résistance de la part de l'ennemi qui, par des décharges de mousquet et de canon, se contentait de nous apprendre qu'il était disposé à nous recevoir.

Il fallut recommencer l'ouvrage. Corteil, major du régiment de Courtemer, offrit de l'entreprendre, et s'engagea, moyennant 4000 livres, à faire un passage assuré qui serait large de vingt pieds, et traverserait le fossé dans toute son étendue. On ne lui fournissait que les fascines; les charrettes de l'artillerie les lui transportaient jusqu'aux premières tranchées. Le 15 juin, il commença à y travailler; mais ce ne fut pas sans peine et sans difficulté : les ennemis tiraient nuit et jour sur ceux qui jetaient les fascines et la terre dans le fossé. Quelques hommes furent tués; mais le nombre des blessés fut beaucoup plus considérable; et, quoique le péril fût imminent, il ne manquait point de travailleurs qui exposaient leur vie dans l'espérance du gain.

Les flancs de la place étaient couverts d'orillons ronds, derrière chacun desquels les ennemis avaient braqué un canon, dans l'intention de s'en servir, lorsqu'on voudrait attaquer ou se loger dans la brèche. Ces pièces étaient tellement cachées qu'on ne pouvait les démonter qu'en rompant tout l'orillon. Le grand-maître adopta ce parti, et, dans l'espace de deux jours, les boulets y firent un tel ravage que tous les orillons s'écroulèrent; on les aurait même gravis sans peine, si l'on avait eu un passage pour pénétrer jusque-là. Une brèche semblable fut aussitôt faite à l'extrémité de la courtine. Du côté de l'attaque de Piémont, les ouvertures étaient assez grandes; mais le fossé en défendait l'abord.

Pour franchir ce fossé, on proposa et l'on fit plusieurs machines, telles que *bateaux*, ponts *de barriques*, ponts à *chevalets*, ponts de *joncs*; on construisit même un grand pont composé de deux mâts et de fortes planches couvertes de fer-blanc; il était porté sur quatre roues, qui servirent à le transporter depuis le parc jusqu'au fossé; mais tous ces moyens furent inutiles.

On résolut enfin de combler le fossé avec des fascines et de la terre: c'était la voie la plus sûre.

Les assiégés, se voyant pressés si vivement, redoublèrent leurs efforts pour nous résister et pour nous nuire. Une grêle de boulets tombait de tous côtés : trois soldats de la marine furent tués en allant occuper leurs postes, qui étaient du côté de St.-Leu.

Le 15, les assiégés firent une sortie, qui eut peu de succès. Leur unique but, je pense, était de nous alarmer et de nous fatiguer. Ils furent repoussés sur-le-champ, ou plutôt, ils se retirèrent d'eux-mêmes, lorsqu'ils nous virent en état de défense.

Ce jour-là, MONSIEUR, après avoir rendu visite au Roi, vint à Hesdin, parcourut le camp et tous les quartiers, examina tous les travaux, et accorda des éloges à tous ceux qui contribuaient à l'entreprise, en les exhortant à persévérer dans leur zèle et dans leur dévouement.

La maladie qui retenait le Roi à Abbeville, l'empêchait de venir au camp, mais non de penser aux mesures propres à hâter la prise de la place. Le cardinal de Richelieu partageait sa sollicitude. Il crut que Picolomini, qui avait levé le siége de *Mouzon*, étant chassé par l'armée de Châtillon, pourrait réunir ses forces à celles du cardinal Infant, et tenter, de concert avec lui, de secourir la ville assiégée. C'est pourquoi il jugea à propos de continuer la circonvallation du côté de la France. L'ordre en fut donné le 16 juin, et, dès le jour même, on commença à y travailler.

Cependant on comblait le fossé des deux côtés. A l'attaque de Piémont, la mine s'avançait; à celle de Champagne, depuis que la première avait joué, on faisait dans la brèche une autre mine bien plus puissante que la première; à gauche, derrière la muraille qui restait, on creusa un fourneau, et, vingt pieds au-delà, on en creusa un second; le troisième fut fait trente pieds plus avant dans le bastion, et le quatrième, à douze ou quinze pieds de ce dernier. Si le succès avait répondu à notre attente, la majeure partie du bastion aurait sauté avec cette mine.

Le grand-maître m'ordonna de le suivre pour aller visiter le pays autour de notre camp, et reconnaître les avenues par où l'ennemi pourrait essayer de secourir la place. Pour faire un grand effort avec un corps d'armée considérable, il n'y avait point de lieu plus convenable que le côté qui regardait la France; pour introduire en secret de faibles détachemens, la partie la plus favorable était celle qui regardait l'Artois. De ce côté, on y avait mis obstacle, en faisant un abatis dans la forêt et en brûlant le pont de St.-Leu; on y pourvut de l'autre par la plus belle circonvallation que l'on eût encore vue.

Regardant la défiance comme la mère de la sûreté, le cardinal ne se trouva point satisfait de la double barrière que présentaient à l'ennemi et l'abatis et la rivière. Il fit élever le long du bois un parapet composé de deux palissades hautes de six pieds et séparées par un intervalle de douze pieds, qui fut rempli de terre. Ces palissades étaient revêtues de claies; derrière le parapet, qui était à redans, on ménagea une banquette, pour donner aux soldats la facilité de tirer par dessus. Ces mesures étant prises, nous eûmes la certitude que toute tentative pour introduire des renforts de ce côté, serait absolument inutile.

Dans la nuit du 16 au 17, les assiégés envoyèrent deux nombreux détachemens, qui firent une sortie simultanée sur les deux points attaqués. Le régiment de Piémont était de garde à l'attaque qui portait son nom, et les postes de l'attaque de Champagne étaient occupés par le régiment de La Meilleraie. L'avant-garde ennemie, composée de 60 hommes bien armés, attaque avec fureur les tranchées de Champagne; nos soldats se mettent en défense et lui résistent. Nos adversaires, voyant qu'ils font des efforts inutiles pour nous contraindre à descendre, filent le long de la tranchée pour pénétrer dans la batterie la plus avancée; mais ils y trouvent le sergent-major de Liestat, qui les arrête avec 15 hommes. Le lieutenant-colonel De Mason survient avec sa troupe: on se bat avec acharnement; le capitaine Amiens, qui commandait la sortie, est tué d'un coup de fusil, et les Espagnols commencent à plier. A l'instant Liestat, une pique à la main, sort de la tranchée; suivi de deux soldats seulement, il les pousse, il les presse sans leur donner le temps de respirer. Alors ils se précipitent dans le fossé : les uns se sauvent à la nage, les autres se noient; deux sont faits prisonniers, et plusieurs restent morts sur la place.

Du côté de Piémont, les ennemis s'étaient précipités, sans hésiter, dans la batterie qui bordait le fossé, et avaient encloué le canon avec une promptitude extrême. Pendant cette opération, Lepage, commissaire de l'artillerie, qui était resté dans ce poste, avait tué d'un coup de pique un officier espagnol. Cependant nos soldats, qui n'étaient pas endormis, fondent sur eux et les chargent si brusquement qu'ils ne leur laissent pas le temps d'enfoncer le clou bien profondément. Bientôt les assaillans se réfugient dans leurs contrescarpes, après avoir perdu plusieurs hommes. Nous les aurions poursuivis et battus jusque dans leur corps-de-garde, si la mousqueterie de la place ne nous en eût empêchés. Dans toute cette affaire, nous n'eûmes que quelques blessés. Nous nous empressâmes de déclouer la pièce et de la diriger contre la place, pour apprendre à nos adversaires que l'exécution n'avait pas répondu à leur attente.

On amena au roi les deux prisonniers, qui dirent que la garnison se défiait des habitans; qu'elle travaillait nuit et jour au retranchement derrière la brèche de Champagne, et, du côté de Piémont, près du fossé où l'on avait commencé un passage, et tout le long de la courtine; qu'elle creusait un grand nombre de puits, pour éventer les mines; que rien ne lui manquait, et qu'elle était bien déterminée à se défendre.

Pour ôter aux assiégés la facilité de pénétrer jusqu'à nous avec tant de célérité, nous élevâmes une redoute à la tête des tranchées de Champagne, nous plaçâmes des chevaux de frise sur la contrescarpe qui leur présentait un accès, et nous fîmes quelques traverses qui flanquaient ces avenues.

Plus le comblement du fossé avançait, plus l'ouvrage devenait difficile, parce qu'outre leur mousqueterie, les ennemis employaient les *artifices* avec plus d'avantage. Les grenades, les cercles, les pots-à-feu nous incommodaient beaucoup. Cependant le péril ne ralentissait point l'ardeur des travailleurs, qui touvaient un puissant motif d'encouragement dans l'ordre établi pour la distribution des secours à donner aux blessés. On avait fait un hôpital dans une église qui était assez voisine des tranchées, et que l'on avait conservée intacte. Là tous les soins leur étaient prodigués. Il y avait même des Jésuites toujours prêts à leur administrer les sacremens. Aussitôt qu'ils pouvaient supporter les fatigues du transport, des chariots les conduisaient à St.-André-des-Bois, lieu plus spacieux et plus commode, où ils restaient jusqu'à ce qu'ils fussent entièrement rétablis. Alors on leur accordait une récompense, et on leur laissait la faculté de se retirer ou de reprendre du service.

Le 18, il s'éleva un vent assez violent, le temps devint froid et pluvieux. Nous continuâmes néanmoins nos différens travaux et particulièrement la circonvallation, à laquelle étaient employés une partie de nos soldats et 1600 paysans rassemblés et payés exactement par les soins de l'évêque d'Auxerre, qui visitait tous les jours les travailleurs et hâtait de tout son pouvoir l'exécution de nos entreprises.

Les assiégés s'imaginaient que le mauvais temps ôterait à nos troupes la faculté de se défendre et de faire usage de leurs armes. Dans cette persuasion, ils sortirent de la place et attaquèrent le régiment de Bourdoné et celui de Turenne qui étaient de garde. Vers le milieu de la nuit du 18 au 19 juin, ils se glissèrent le long de leur contrescarpe, approchèrent de nos tranchées, et tâchèrent de surprendre la sentinelle avancée, qui tira son coup de fusil, rétrograda et donna l'alarme. Quoiqu'ils se vissent découverts, ils continuèrent leur route et jetèrent quelques grenades dans nos logemens les plus voisins, pour effrayer les premiers qui voudraient leur opposer quelque résistance. Nos soldats, qui étaient sur leurs gardes, sortent de la redoute, vont droit à eux sans balancer, les arrêtent et les repoussent après leur avoir blessé quelques hommes et tué un sergent.

Les jours suivans, on continua de combler le fossé et de faire un épaulement du côté du flanc qui découvrait le passage, afin d'avoir un abri pour aller à la brèche. Ils essayèrent plusieurs fois de brûler les fascines à force d'artifices, que nos soldats, armés de piques, poussaient dans l'eau avec dextérité avant que le feu eût pu prendre. Ce qui gênait beaucoup nos travailleurs, surtout pendant la nuit, c'étaient les grenades, les pierres, les décharges de mousqueterie. Favorisés par leurs feux, les assiégés atteignaient souvent leur but, tandis que nos boulets, peu nombreux d'ailleurs, tombaient presque toujours sans effet.

On travaillait aussi à un fourneau, du côté de l'attaque de Piémont, dans l'unique but d'y établir un logement où l'on pût faire une ouverture et creuser avec sécurité une autre mine plus avancée, pour emporter une partie des retranchemens que les ennemis élevaient.

Le siége d'Hesdin avait acquis tant de célébrité que tous les habitans des provinces voisines accouraient pour prendre connaissance des lieux et visiter nos travaux. On y venait même des provinces les plus éloignées. Nous remarquâmes le nonce du pape et l'évêque de Beauvais, qui, malgré leur caractère de ministres de paix, approchèrent des endroits les plus périlleux. Mais autant on loua la curiosité de ces prélats, autant on blâma l'indifférence de certains gentils-hommes qui restèrent renfermés dans leurs châteaux, quoiqu'ils fussent assez près du lieu de la scène.

Dans la nuit du vingt juin, on fit jouer le fourneau creusé du côté de Piémont. Celui qui y avait mis le feu, était resté dans l'allée, parce qu'il s'était imaginé que la saucisse n'avait pas pris. Il y retournait, lorsque la mine fit son effet. Il ne dut sa conservation qu'à une espèce de miracle. Le lieu où il était ne s'étant point éboulé, il sortit deux jours après par un trou qu'il fit, et reparut à la grande surprise de ses compagnons d'armes. D'abord il ne savait lui-même d'où il venait; ensuite, recueillant ses idées, il croyait n'avoir passé là qu'une nuit bien longue, parce qu'il n'avait point vu le jour et qu'il avait presque toujours dormi, étant assoupi par les fumées du vin qu'il avait pris avant d'y entrer. Le fourneau produisit un effet qui surpassa notre espérance. Le grand-maître l'avait fait creuser, afin qu'on eût un endroit pour se loger. Il n'avait pas voulu attendre que le passage du fossé fût achevé, de peur que les ennemis n'éventassent la mine dans cet intervalle (et ils y travaillaient sans cesse). Cependant les ruines de la muraille comblaient le fossé en partie et avançaient beaucoup nos ouvrages. Le passage ayant été endommagé, on le répara sur-le-champ. Le lendemain, on travailla à une autre mine qui, pour faire une plus grande ouverture, avançait beaucoup dans le bastion

ainsi

ainsi que dans la muraille. Celle de Champagne avançait de même, et nos canons continuaient à rompre tout ce qui pouvait nous nuire.

Le 21, on entendit un grand tumulte dans la place : la confusion des voix empêchait de rien distinguer. On crut qu'il s'élevait une lutte entre les habitans et la garnison. Ce qu'il y a de certain, c'est que, depuis la prise de la ville, les uns et les autres ont gardé à ce sujet le silence le plus profond ; soit que les soldats appréhendent d'être taxés d'insolence, soit que les citoyens craignent d'être accusés de rébellion.

L'Ambassadeur de Venise vint aussi à ce mémorable siége. Le grand-maître le traita, lui fit voir tout le camp, les batteries, le passage du fossé et les endroits les plus dangereux.

Le bruit se répandit que Picolomini allait réunir son armée à celle du cardinal Infant, avec la ferme résolution de secourir Hesdin. Comptant sur les avantages de notre position, sur le courage de nos soldats et sur le renfort que Châtillon nous avait promis, nous attendions impatiemment le jour où nous devions nous mesurer avec ces nouveaux adversaires. Le Roi, par prudence, envoya au camp le peu de troupes qui l'accompagnaient, même les chevau-légers et les mousquetaires de sa garde.

Le 23, la circonvallation était en très-bon état. Il ne restait qu'à faire les banquettes, ce qui pouvait s'exécuter même à la vue de l'ennemi. Elle était longue d'environ 800 toises, et commençait à la rivière de Canche où aboutissait l'autre qui était au-delà. Chacune avait un demi-bastion, et toutes deux formaient un bastion sur les rives. Du côté du levant, une ligne dont le point de départ était sur le bord de la rivière, montait jusqu'à la première éminence qui avançait du côté de la France. A chaque intervalle de 100 toises, on rencontrait deux redans de 15 toises de face ; après ces deux redans, on trouvait une redoute qui avait 25 toises de front avec les redans et les redoutes; cette ligne contenait environ 2000 toises. Elle aboutissait au fort d'Auxerre, qui avait 400 toises de circonférence, et auquel nous avions donné le plus de développement qu'il était possible, afin d'occuper toute la crête de l'éminence, et de découvrir les deux vallées adjacentes. Il consistait en deux demi-bastions qui regardaient la campagne. Trois demi-lunes flanquaient les deux parties où s'attachaient ces lignes et celle qui était du côté du camp. Ce fort pouvait contenir 1200 hommes et même davantage. Il était à l'épreuve du canon. Les parapets, garnis de deux banquettes, étaient épais de 16 pieds vers leur sommet, hauts de six pieds par devant, et de huit pieds par derrière. Afin que les mousquets pussent tirer par dessus, nous avions pratiqué des embrasures dans les faces et dans la courtine qui était exposée aux approches des ennemis. Nous avions aussi résolu de palissader la contrescarpe; mais les assiégés nous épargnèrent ce travail en se rendant avant qu'on eût entrepris de les secourir. Au levant, depuis le fort d'Auxerre jusqu'au bois qui formait une autre éminence, nous traçâmes une ligne qui prenait la cime de cette hauteur et embrassait par derrière un espace qui ne pouvait être découvert de la campagne, et qui était assez grand pour recevoir les bataillons et les escadrons chargés de défendre les retranchemens. Cette ligne suivait la direction de la vallée, qui s'étendait depuis le fort jusqu'au bois, où elle était terminée par une forte redoute située à son entrée. L'intervalle était flanqué de redans. Plus loin s'élevait une autre redoute (1) destinée à empêcher l'en-

(1) Celle de Rabat.

nemi de se loger dans le bois et de découvrir nos lignes qui descendaient de là jusqu'à la Canche. Nous fîmes aussi un abatis de ce côté. Outre cela, toutes les avenues par où l'on pouvait entrer dans le bois, étaient garnies de lignes doubles bien flanquées. Ce bois présentait encore un avantage : il couvrait nos lignes qui, allant en pente, devaient nécessairement être vues de l'éminence située derrière le dernier fort où elles aboutissaient.

Depuis le fort d'Auxerre, qui regardait l'occident, jusqu'à la croupe où s'élevait le fort Vidal, on avait à franchir une grande vallée et un ravin extrêmement escarpé. Ces deux forts n'étaient pas très-éloignés ; cependant, comme les lignes formaient un circuit, elles embrassaient un espace de plus de 200 toises.

Le fort Vidal était composé de deux bastions à la tête; les flancs étaient garnis de deux demi-bastions et d'une demi-lune ; les parapets et les autres parties avaient les mêmes dimensions que celui d'Auxerre. C'était dans ces deux forts que nous mettions surtout notre confiance pour la défense de la circonvallation du midi, parce que, du côté de la France, c'était le seul endroit par où l'ennemi pût faire marcher ses troupes en bataille, attendu qu'on trouve en face une vaste plaine, et que le reste du pays est très-couvert.

La ravine qui était contre le fort Vidal, était si escarpée que les fantassins pouvaient à peine y descendre. L'abord de la croupe où s'élevait la redoute *Cintat*, offrait aussi beaucoup de difficultés, parce qu'elle était entourée de haies, de fossés et de ravins.

Depuis la redoute *Cintat* jusqu'au fort de *Ville*, les lignes étaient tirées tout droit comme celles qui s'étendaient depuis l'autre fort jusqu'à cette redoute. Elles étaient aussi garnies de redans et formaient un angle rentrant, afin que tout fût flanqué.

Le fort de Ville occupait une grande éminence de cent toises de front qui commandait deux ravines et une grande vallée par où l'ennemi devait nécessairement passer. La tête était en étoile et à l'épreuve du canon. Il était muni, comme les autres, d'embrasures, de fossés et de contrescarpes.

Le dernier fort était celui de *Bourdoné*, qui communiquait avec le fort de Ville par des lignes tirées dans une ravine et bien flanquées. D'autres lignes, descendant vers les marais, allaient joindre celles d'*Aiguebelle* et fermaient toute la circonvallation.

En cas d'attaque, tout était préparé pour faire une défense vigoureuse, tous les ordres étaient donnés, et le Roi avait daigné entrer, à cet égard, dans les plus petits détails.

Déjà le feu des ennemis commençait à se ralentir, et nous conjecturions avec raison que les munitions ne tarderaient pas à leur manquer.

Le 23, le 24 et le 25 juin, la pluie tomba par torrens, et nos soldats, bien loin d'être à couvert dans leurs tentes, trouvèrent à peine un abri dans les chaumières. Les tranchées furent inondées et nos travaux suspendus. Le 26, le temps changea un peu, le calme et la sérénité se rétablirent insensiblement, et bientôt nous reprîmes les opérations du siége.

Le 27, la mine de Champagne fut achevée. Les quatre fourneaux furent creusés, chargés et bouchés.

La mine de Piémont fut terminée et chargée le même jour. Celle-ci n'avait que deux fourneaux derrière la muraille et un autre sous terre.

Le grand-maître, qui était informé que les

assiégés se disposaient depuis plusieurs jours à soutenir l'assaut, voulant ménager le sang de ses soldats, décida que l'on ferait sauter les mines à six heures du soir, et qu'au lieu d'attaquer, on se contenterait de pratiquer un logement où l'on creuserait des fourneaux à l'instant même, pour emporter peu à peu, et sans perte, les retranchemens de l'ennemi.

Les Suisses étaient de garde du côté de Piémont, et la Meilleraie du côté de Champagne. On avait commandé 100 hommes de chaque régiment, tous mousquetaires, qui garnissaient les tranchées. L'ordre portait qu'aussitôt que les mines auraient joué, 30 soldats, conduits par deux sergens, passeraient le fossé; qu'ils seraient incontinent suivis de vingt travailleurs chargés de pics, de pelles, de madriers, de barriques et de sacs; vingt autres travailleurs, munis des mêmes objets, devaient se tenir dans la tranchée pour seconder les efforts des premiers, en cas de besoin. Cent hommes du régiment de la Meilleraie, commandés par deux capitaines, deux lieutenans et six sergens, étaient dans la même tranchée, prêts à fondre sur les assiégés, s'ils avaient hasardé une sortie. Ils étaient soutenus par 120 hommes du régiment de Champagne, commandés par Vidal et St.-Ange. Le reste occupait les tranchées voisines, et devait, au premier signal, les tenir continuellement en feu, conjointement avec les hommes qui composaient la garde. Toute la cavalerie, s'étant divisée par escadrons, se mit en bataille derrière les lignes. L'infanterie qui n'était point de garde dans les quartiers, s'arma, et chaque fantassin prit son champ de bataille avec ordre. Deux maréchaux de camp restèrent dans les quartiers, tandis que les deux autres étaient aux attaques. Pour diriger les opérations d'une manière conforme aux circonstances, le grand-maître s'était transporté dans les tranchées, à la tête desquelles on avait placé des gardes, afin d'éviter la confusion; mais, malgré cette précaution, elles se trouvèrent bientôt remplies d'une foule de soldats qui n'étaient pas de service. Comme les montagnes voisines se couvraient aussi de spectateurs, les assiégés ne tardèrent pas à craindre quelque grand effort de notre part, et ils se préparèrent à nous opposer une vigoureuse résistance.

Depuis le matin, notre artillerie tirait sur la place, au son des fanfares, nos mousquets faisaient un feu continuel, et tout était en mouvement. Vers six heures, on fit sauter les deux mines qui produisirent un effet égal, quoique celle de Piémont ne renfermât que la moitié de la quantité de poudre qui était contenue dans l'autre. Les deux brèches étaient très-praticables; mais malheureusement les ponts s'étant rompus lors de l'explosion, il nous fut impossible de gagner du terrein. A l'instant, les assiégés se montrent et lancent des grenades, des cercles, des pots à feu en si grande quantité, que la brèche paraît embrasée. Tandis que leurs balles sifflent de tous côtés, ils crient, s'exhortent et annoncent qu'ils veulent se défendre avec intrépidité. Ils jettent du haut de leurs murailles des chevaux de frise montés sur deux roues, et travaillent en même temps à se retrancher. Nos soldats, fâchés de se voir condamnés à l'inaction, lorsqu'ils auraient voulu se mesurer avec l'ennemi, se livrèrent enfin au repos, et l'attaque fut remise au lendemain. Les assiégés n'avaient tiré que quatre volées de canon, et trois avaient porté coup, parce que les lieux d'alentour étaient couverts d'hommes appelés par leur devoir ou attirés par la curiosité.

Le 28, de Mayola, lieutenant des gardes du cardinal de Richelieu, était parti d'Abbeville et venu au camp, dans l'intention de visiter les travaux du siége et de s'en retourner le même jour. Il suivit le grand-maître dans les tranchées. Étant descendu avec lui dans une des plus avancées, il fut atteint d'un coup de feu à l'épaule, et tomba expirant entre les bras de la Meilleraie, qui causait familièrement avec lui et avait précisément la main appuyée sur le cou de ce malheureux officier.

Pendant la nuit qui venait de s'écouler, on avait entrepris de réparer le dommage que la mine avait fait au passage établi sur le fossé; on continua ce jour là, et, vers midi, le pont était déjà plus ferme qu'auparavant, parce que les ruines mêmes contribuaient à en augmenter la solidité. Les régimens de Piémont, de Bellefont et de Mondéjus étaient de garde. On donna l'ordre de faire le logement sur le soir. Piémont devait y travailler du côté de son attaque, et les deux autres régimens, du côté de l'attaque de Champagne, qui, ainsi que les autres corps, fournit un détachement dont le commandement fut confié aux lieutenans Pelletier et Labrune. On n'avait réuni que dix travailleurs et vingt soldats pour les défendre. D'autres, en même nombre, étaient dans les tranchées, afin d'être prêts à succéder aux premiers, si les circonstances l'exigeaient. A six heures, au premier signal, les soldats de Bellefont et de Mondéjus s'avancent et montent sur la brèche, où Dumont et le capitaine Chesnoy (1) restent à découvert, malgré les mousquetades. Les travailleurs entreprennent l'ouvrage, sous la protection de nos batteries dirigées contre les parapets et les lieux où les assiégés faisaient leurs *défenses*. Mais une horrible grêle de pierres, de gabions brûlans, de pots à feu, de balles et de bombes vient porter la terreur dans nos rangs. Ceux qui échappent à la mort, ne peuvent éviter les blessures. Nous perdons deux capitaines et plusieurs soldats. On fait une nouvelle tentative, et les assiégés opposent une résistance qui nous cause de nouvelles pertes. Ils luttent contre nous avec une opiniâtreté d'autant plus grande qu'ils trouvent un abri derrière leurs parapets, tandis que rien ne nous dérobe au danger. Le grand-maître voyant que pour parvenir à faire le

(1) Du régiment de Mondéjus.

logement ce jour là, il faudrait sacrifier trop d'hommes, suspendit les travaux.

Nous avions déjà eu l'occasion de remarquer que nos adversaires, qui nous résistaient si courageusement lorsqu'ils étaient à couvert, lâchaient pied, quand nous en venions aux mains avec eux. En conséquence, nous résolûmes de faire le lendemain de fortes attaques par les deux passages du fossé, et sur des ponts de bois et de joncs par le moyen desquels on pénétrerait jusqu'à la courtine et jusqu'aux flancs des bastions que l'on avait battus en brèche, et qui se trouvaient tellement rompus qu'on pouvait y monter aussi facilement que sur les murs qui avaient éprouvé les effets de la mine: dans cette attente, les troupes allèrent prendre quelque repos.

La nuit suivante, on s'occupa particulièrement à couvrir le passage du fossé, et à le rendre praticable et sûr. On prépara aussi des *artifices* pour l'attaque, et des couvertures pour le logement. Le régiment de la marine remplaça les trois corps qui sortaient de garde, et travailla avec une ardeur extrême, afin que, tout étant prêt, il eût l'honneur de donner avant l'heure où l'on renouvelait les postes.

Au point du jour, la Frégelière, qui n'avait point quitté les tranchées, alla visiter le passage, et, ne trouvant pas l'ouvrage aussi avancé qu'il le désirait, il voulut le presser en personne. Tandis qu'il était au milieu des travailleurs, une balle qui avait traversé les fascines, l'atteignit à la tête et le renversa mourant. Il eut néanmoins encore la faculté de mettre ordre à ses affaires; enfin il perdit la parole à dix heures, et la vie à quatre heures du soir.

Ce même jour, dès le lever du soleil, un tambour vint sur la brèche et battit la *chamade*. Lorsqu'on eut cessé le feu, il se montra, et dit que les assiégés demandaient à parlementer. Le grand-maître, en étant informé, se rendit sur les lieux; il déclara qu'il accordait quatre heures aux espagnols pour dresser les articles de la capitulation, et que, dans cet intervalle, les hostilités et les travaux seraient suspendus; il se réserva cependant la faculté de continuer la circonvallation qui était presque terminée. Les assiégés donnèrent en ôtage un de leurs principaux officiers, et reçurent en échange la Bartète, sergent-major dans le régiment de la Marine.

Cependant nos soldats sortent des tranchées; la garnison monte sur les parapets; on se regarde, on se parle; on voit à découvert et sans crainte la brèche, les fossés et tous les lieux où, quelques momens auparavant, plus d'un Français a reçu la mort. Mais, la conversation dégénérant déjà en reproches, et les reproches en injures, les chefs interdirent tout entretien, et employèrent le temps qui restait à faire enlever et enterrer dans les contrescarpes les cadavres dont la brèche et le fossé étaient jonchés.

Le Roi qui, dès le 28, avait résolu de venir au camp, partit de Montreuil le jour même où les assiégés avaient demandé à capituler, et arriva à dix heures, au quartier d'Aumont, avec l'intention d'ordonner l'assaut et d'y assister. S'il eût exécuté son projet, il est certain qu'aucun boulevard n'aurait résisté à l'impétuosité de nos soldats. Heureusement pour les Espagnols, ils avaient pressenti cette arrivée.

Les articles qu'ils avaient dressés, furent soumis à l'approbation du monarque, qui y fit plusieurs changemens qu'il jugea convenables. Enfin, après quelques nouvelles observations qui eurent lieu de part et d'autre, la capitulation fut conclue.

On convint que toute la garnison sortirait

le lendemain, 30 juin, à dix heures du matin, avec ses armes, ses chevaux et ses bagages, tambour battant, enseignes déployées, balle en bouche et mèche allumée des deux bouts;

Qu'ils pourraient emmener deux pièces de canon, l'une de 20 et l'autre de 24, un mortier avec quatre tonnes de mèche, ainsi que les chariots et les chevaux nécessaires pour transporter ces différens objets;

Qu'il leur serait donné une escorte de troupes françaises pour les conduire en toute sûreté à Béthune, en un jour ou en deux, par le plus court chemin;

Qu'on leur fournirait 150 charrettes attelées de trois ou quatre chevaux pour transporter le bagage, les malades et les blessés, tant soldats que bourgeois, et que, pour garantir ce transport, on leur donnerait des ôtages jusqu'au retour;

Que les malades et les blessés qui ne pourraient supporter le transport, auraient la faculté de rester dans la ville, où ils seraient traités et médicamentés jusqu'à leur entière guérison, après laquelle il leur serait permis de se retirer où bon leur semblerait;

Que tous les prélats et ecclésiastiques qui

se trouvaient réfugiés à Hesdin (1), seraient maintenus dans la jouissance de leurs biens et bénéfices, avec les priviléges dont ils jouissaient auparavant;

Que Sa Majesté très-chrétienne pourvoirait aux bénéfices vacans de la même manière que Sa Majesté catholique y avait pourvu jusqu'à ce jour;

Que tous les religieux et religieuses de la ville et des lieux circonvoisins seraient maintenus dans la possession de leurs biens meubles et immeubles, ainsi que dans leurs priviléges,

(1) Il y avait à Hesdin des refuges qui appartenaient aux monastères des environs. C'étaient des maisons où les religieux se *réfugiaient* en temps de guerre. Nous en connaissons quatre.

1.° Le refuge de St.-André, dont l'oratoire subsiste encore, (situé au coin de la rue de la Paroisse et de celle du Marché au lin. Cet édifice, qui est remarquable par son architecture gothique, porte, sur son fronton, la date de 1633, au-dessus de laquelle on voyait, il y a 30 ans, la croix de St.-André.)

2.° Le refuge de Dommartin, près de l'Arsenal, rue du Marché aux moutons;

3.° Celui de St.-Georges, rue des Nobles;

4.° Celui des Sœurs hospitalières du Vieil Hesdin, rue de Fressin.

viléges, franchises, exemptions, et qu'ils conserveraient leurs anciens supérieurs;

Que tous les ecclésiastiques réguliers, tant bénéficiers qu'autres, seraient aussi maintenus dans la jouissance de leurs biens, priviléges, franchises et exemptions;

Que tous les ecclésiastiques du voisinage pourraient retourner dans leurs paroisses et dans leurs maisons, et y remplir librement leurs fonctions pastorales et leurs fonctions domestiques, sans être chagrinés ni inquiétés dans la possession de leurs biens, priviléges, franchises, etc.;

Que tous les habitans qui resteraient, soit dans la ville d'Hesdin, soit dans les lieux qui en dépendaient, prêteraient serment de fidélité à Sa Majesté très-chrétienne, et que ceux qui le violeraient, seraient déchus de la grâce accordée;

Que tous les officiers civils conserveraient, avec leurs biens, leurs offices, traitemens, *profits*, priviléges, exemptions;

Que tous les officiers de la ville seraient maintenus dans leurs offices et états; qu'on renouvelerait seulement ceux qui devaient être renouvelés, et qu'on le ferait dans les formes ordinaires;

Que les officiers du bailliage et du magistrat d'Hesdin continueraient à rendre la justice civile et criminelle dans toute l'étendue de leurs juridictions;

Que lesdits officiers pourraient rendre la justice dans les villages du comté de St.-Pol, jusqu'à ce qu'il y fût pourvu par Sa Majesté très-chrétienne;

Que tous les bourgeois, manans et habitans d'Hesdin, pourraient aussi demeurer librement chez eux, et y jouir paisiblement de tous leurs biens, tant meubles qu'immeubles;

Que tous ceux qui voudraient quitter la ville, auraient la liberté de le faire, et qu'on leur accorderait deux mois, soit pour aliéner, vendre ou emporter ce qui leur appartenait; soit pour en disposer tout autrement, s'ils le jugeaient à propos;

Que les places de notaires et de sergens qui avaient été inféodées par Sa Majesté catholique, demeureraient aux propriétaires, à condition qu'on payerait les reliefs en cas de mort, et les droits seigneuriaux en cas de vente, selon qu'il était contenu dans les lettres d'inféodation;

Que tous les habitans de la ville et des lieux circonvoisins conserveraient leurs priviléges, exemptions et franchises ;

Que la ville serait tenue de payer les dettes contractées, tant depuis la guerre qu'auparavant ; qu'on remettrait entre les mains du Roi tous ceux de ses sujets qui, ayant porté les armes contre Sa Majesté, se trouvaient encore dans la place ;

Que, dans le cas où la ville renfermerait quelque mine faite au préjudice des troupes qui devaient y entrer, le gouverneur et les habitans seraient tenus de la découvrir, sous peine d'être traités comme des hommes convaincus de trahison ;

Que tous les canons, toutes les armes et les munitions, tant de bouche que de guerre, ainsi que tous les papiers, titres et renseignemens concernant le bailliage d'Hesdin, seraient remis de bonne foi entre les mains de ceux qu'il plairait à Sa Majesté de désigner ;

Que, pour l'exécution du traité, Sa Majesté ferait cesser les travaux, et qu'on lui donnerait en ôtage deux capitaines, un alfier et trois des principaux habitans d'Hesdin, afin de garantir la sûreté de l'escorte et la conservation des chariots ; que le gouverneur fournirait à l'escorte les vivres et le fourrage nécessaires, et la ferait reconduire jusqu'au camp, après quoi les ôtages seraient remis en liberté.

Camp de Hesdin, 29.me *jour de juin* 1639.

Signé le Comte DE HANAPES.

Une copie semblable fut remise au comte de Hanapes : elle était signée *Louis*, et plus bas *Phelipaux*.

Le Roi employa le reste du jour à visiter le camp, les quartiers et la circonvallation, étant très-satisfait de l'heureuse issue de son entreprise.

Le lendemain, les Espagnols commencèrent à sortir à l'heure fixée. A mesure que leurs troupes défilaient, les nôtres les remplaçaient. Elles prirent ainsi successivement possession de tous les postes.

Il sortit 1300 fantassins sous les armes, environ 500 hommes, tant paysans que soldats blessés ou malades qui étaient sur les chariots; 120 chevau-légers, et plus de 4000 femmes.

Outre les chariots que nous avions fournis,

il y en avait 500 autres chargés de meubles en partie.

Lorsque le gouverneur, que la goutte tenait renfermé dans un carrosse, vint à passer, le Roi lui adressa (1) quelques paroles, pour lui témoigner l'estime qu'il avait conçue pour sa personne. Les habitans d'Hesdin accueillirent nos troupes avec joie: » Notre langage est fran-
» çais, disait-il, nos cœurs le seront aussi. Nous
» avons été soumis au Roi d'Espagne pendant
» quatre-vingts ans, et nous n'avons jamais joui
» de sa présence ; nous n'appartenons au Roi
» de France que depuis quelques heures, et dé-
» jà il est dans nos murs. «

Cependant le Roi, accompagné du grand-maître et de plusieurs seigneurs, avait passé le fossé sur le pont de fascines, et il était monté sur la brèche. Alors, se tournant vers le grand-maître, il le félicita, le remercia de ses soins et de ses services, et lui donna le bâton de maré-

(1) Le comte lui répondit en ces termes :

« Sire, je tenais cette place des mains d'un grand
» roi ; il est bien consolant pour moi, après l'avoir
» défendue autant qu'il m'a été possible, de la remettre
» entre les mains d'un grand roi. »

chal de France, en déclarant qu'il récompenserait de même tous ceux qui montreraient les mêmes talens, le même zèle et la même fidélité.

Les murailles, du côté de l'attaque, étaient en très-mauvais état à cause des cinq brèches qu'on y avait faites. Nous vîmes les maisons voisines fort endommagées, et le collége des Jésuites presque détruit. Le couvent des Cordeliers était le seul qui n'eût point souffert.

Nous trouvâmes dans la place 46 pièces de canon montées sur roues, la plupart en fonte et du règne de Charles-Quint, mais de différens calibres; une grande quantité de munitions de bouche, et peu de munitions de guerre. Les habitans nous dirent même que c'était le manque de poudre qui avait engagé la garnison à capituler au lieu de soutenir l'assaut.

Après avoir visité les retranchemens, le Roi alla à l'eglise rendre grâces à Dieu, et lui faire hommage de sa victoire. Ensuite il donna des ordres pour que l'on nettoyât les fossés et qu'on réparât les murs, les parapets et les bastions. Sur ces entrefaites, le reste de l'armée se tint campé autour de la place, et nous conservâmes la circonvallation, pour nous défendre dans le cas où l'ennemi, qui n'était pas éloigné, essaierait de nous inquiéter.

PLAN DE LA VILLE D'HESDIN,

Dessiné à l'École d'Enseignement Mutuel d'Hesdin par [illegible] élève de Mr Bernard, Officier d'État-Major au [illegible] Régt des Sapeurs Mineurs le [illegible] Janvier 1832

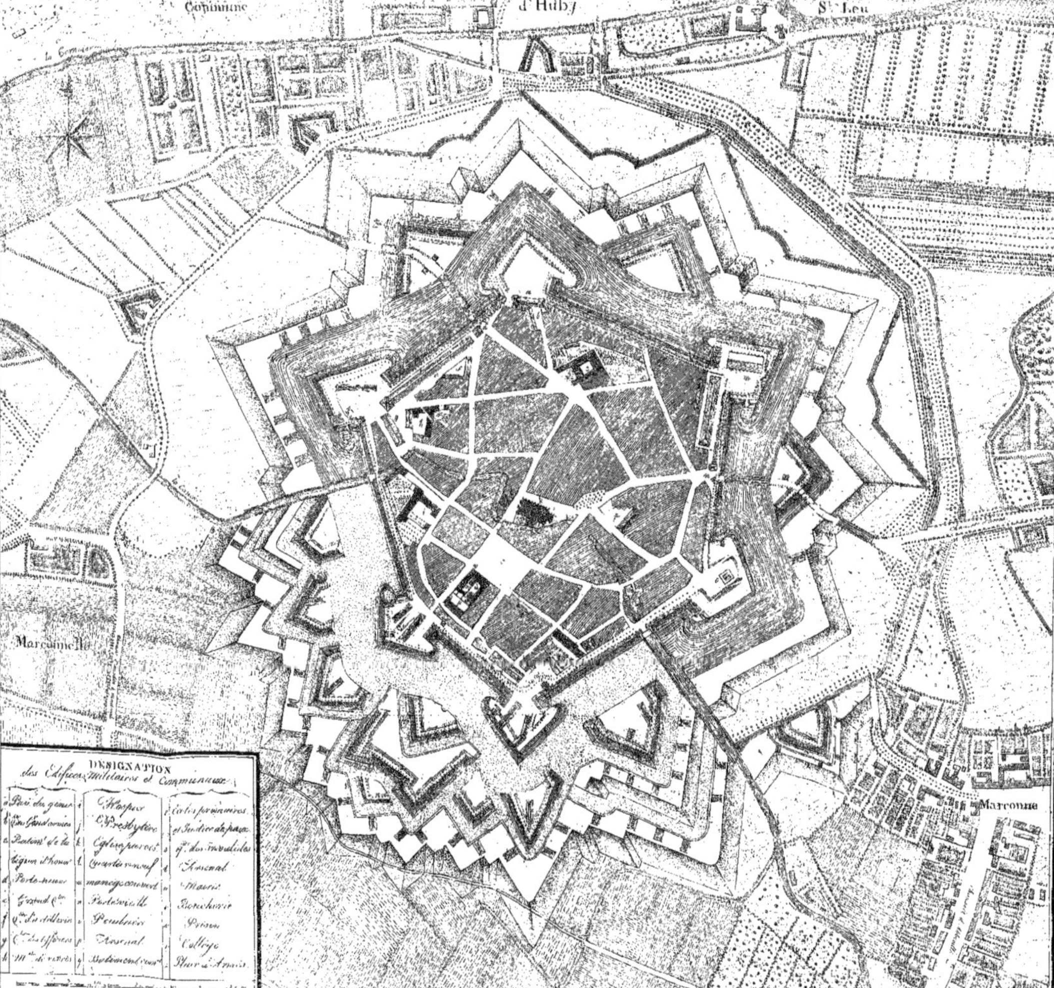

Lith. par Pierre Le Grand, Imprimeur-Lith. à Abbeville.

RÉVOLTE

DE FARGUES.

Louis XIII, ayant pris possession d'Hesdin, le 30 juin 1639, en avait donné le gouvernement à M. de Bellebrune, dont le neveu M. de La Rivière était major de la place (1), et faisait les fonctions de commandant, parce qu'il n'y avait point de lieutenant de Roi.

Dans le régiment de Bellebrune, était un officier nommé Fargues, homme hardi et entreprenant, qui avait été d'abord simple soldat, ensuite employé dans les vivres, et était enfin devenu capitaine-commandant de son régiment, après avoir épousé une des sœurs de madame de La Rivière.

(1) La ville, qui n'a maintenant qu'un commandant d'armes, avait alors, indépendamment du gouverneur, un major de place, un aide-major et un sous-aide-major.

M. de Bellebrune étant mort en 1657, Fargues sollicita vivement près du cardinal Mazarin la place de gouverneur ; mais elle fut donnée au comte de Moret. Après avoir été lui présenter ses félicitations, Fargues revint à Hesdin, où il disposa tout pour la révolte (1).

La garnison était alors composée du régiment de Bellebrune infanterie, et de celui de Palaiseau cavalerie.

Fargues étant parvenu à faire partager son mécontentement à M. de La Rivière, en lui assurant qu'il avait travaillé à obtenir pour lui le gouvernement d'Hesdin, ils cherchèrent de concert les moyens de se rendre maîtres de la place, et de gagner l'état-major. Pour se défaire des officiers qui leur portaient ombrage, ou qui refusaient d'entrer dans leurs vues, ils les chargèrent de différentes missions, sous de vains prétextes, et ordonnèrent qu'à leur retour, on leur fermât les portes. Un seul (2) fut traité au-

(1) Cette révolte éclata dans la minorité de Louis XIV et pendant la guerre de la Fronde, guerre insensée qui avait été occasionnée par *l'Édit du Tarif*, et qui coûta mille fois plus cher que le tarif n'aurait coûté.

(2) Le sieur de Ste-Marie.

trement, et il dut sans doute cet avantage à l'amitié intime qui l'unissait à Fargues. Ayant tenté de dissuader ce rebelle, il fut jeté dans une prison, où il resta jusqu'à la fin de la révolte. On augmenta la paie des autres officiers; on accorda même de l'avancement à la plupart d'entr'eux, et l'on chercha un appui auprès du Prince de Condé qui, étant mécontent de la cour, se trouvait alors à Bruxelles.

Fargues, sachant bien que La Rivière était plus propre à obéir qu'à commander, ne tarda pas à prendre sur lui tout l'ascendant que pouvait lui donner son audace. Il alla s'installer au gouvernement (1) avec cet homme qui, plus faible encore qu'il n'était coupable, consentit sans peine à ne jouer qu'un rôle secondaire dans cette circonstance.

Au-dessus de l'édifice dont je viens de parler, s'élevait une tour d'où la vue planait dans la campagne. On y plaça un factionnaire et un gardien chargés de guetter et de sonner trois coups de cloche aussitôt qu'ils découvriraient quelque chose. Les postes furent multipliés et visités souvent; les remparts furent garnis de

(1) C'est-à-dire demeure du gouverneur.

canons, et l'on mit les ſortifications (1) en état de déſenſe.

Dès ce moment, Fargues commença à agir en maître, et les magistrats ne tardèrent pas à s'apercevoir qu'il ne voulait rien moins que le service du Roi.

Quelques militaires expulsés ayant averti le comte de Moret de ce qui se passait à Hesdin, il partit sur le champ pour s'y rendre; mais, comme il approchait de la place, il vit venir à lui un officier qui lui dit que la ville n'avait et ne voulait avoir d'autre gouverneur que celui qui y commandait, et que, s'il continuait sa route, on tirerait sur lui. Le comte ne laissa pas d'avancer; mais bientôt, ayant vu les ponts levés, les barrières ſermées et les canons braqués, il écouta la voix de la prudence et rétrograda. Il en donna avis au cardinal Mazarin qui, craignant que le prince de Condé ne ſavorisât les rebelles, envoya pour traiter avec eux un commis de M. Letellier, secrétaire d'état; mais ce ſut inutilement.

N'ayant plus de ménagemens à garder, Far-

(1) Ces fortifications ont été augmentées depuis, comme on peut le voir par la troisième carte annexée à cet ouvrage.

gues leva des troupes dans les campagnes voines (1), envoya dans le Ponthieu, dans le Boulonnais, dans le bailliage de St.-Omer, des partis qui revenaient chargés d'argent, chassant devant eux de nombreux troupeaux. Une chose digne de remarque, c'est que la comptabilité fut confiée à la fille d'un maréchal ferrant (2). Elle recevait les contributions et payait les fournitures faites aux troupes.

Fargues établit son autorité par une justice prompte et sévère (3). La potence était tou-

(1) Dans l'intention d'augmenter le produit des impôts, Fargues établit un second franc-marché, qui avait lieu le dernier jeudi de chaque mois. Cette franchise ne consistait ni dans l'exemption ni même dans la diminution des impôts : elle donnait seulement aux débiteurs la liberté d'entrer dans la ville, et d'y vaquer à leurs affaires, sans que leurs créanciers pussent les faire arrêter. Ce second franc-marché, auquel Fargues avait donné son nom, n'était pas encore supprimé en 1759. Pendant la révolte, on le tenait dans le faubourg de Marconne, de peur que les soldats du roi ne pénétrassent dans la ville, déguisés en paysans.

(2) Marguerite Delahaye, femme de Jacques Lemerchier.

(3) Il pressait les officiers municipaux de prendre

jours dressée sur la place. Un de ses partisans ayant pris un pain chez un paysan qui vint s'en plaindre, il le fit arrêter et pendre sur le champ. Quelques jours après, trois soldats avaient été condamnés à mort comme maraudeurs; le geolier vint dire à Fargues qu'on ne trouvait point de bourreau. Il fit comparaître devant lui les trois coupables, qui se regardaient en tremblant; ayant remarqué que l'un d'eux avait la mine patibulaire, il lui dit, en lui frappant sur l'épaule : « Cadédis, tu seras mon bourreau, et tu pendras tes deux camarades. » Maître Nicolas (c'était le nom du soldat) consentit en effet à pendre ses deux compagnons; mais quelques années après, il

part à la révolte; voici quelle fut la réponse de ce corps respectable, qui s'était assemblé sous la présidence du maïeur Séguin : « Nous n'avons aucun » lieu de nous plaindre du gouvernement de la Monarchie française. Il n'appartient qu'à Dieu, de » qui les rois tiennent leur sceptre, de disposer à » son gré de la fortune des peuples; d'ailleurs la » religion du serment doit l'emporter sur toute considération humaine, et en particulier sur le désir » de retourner à son roi naturel. » Fargues, irrité, fit jeter le maïeur dans un cachot profond et infect.

pendit aussi à Abbeville son maître lui-même, réalisant l'espèce de prédiction renfermée dans ces paroles équivoques : *Tu seras mon bourreau.*

Vers la fin de janvier 1659, Fargues et la Rivière eurent une alarme assez vive. Le Roi, étant parti de Paris avec toute sa maison pour se rendre à Dunkerque, s'arrêta près de St.-André-au-Bois. Les troupes qui l'accompagnaient, défilèrent le long de la côte, et les premiers escadrons qui parurent sur les onze heures du matin, se postèrent à la pointe du bois de St.-Georges. Une décharge d'artillerie qui eut lieu à l'instant, n'empêcha pas un escadron des gendarmes royaux de descendre de la colline : une seconde décharge fut faite, et un boulet (1) tomba assez près du carrosse du roi, qui continua sa route et alla coucher au prieuré de St.-Georges. Le lendemain, les inquiétudes des rebelles se dissipèrent, quand ils apprirent que le monarque avait passé la Ternoise à Blangy, et qu'il continuait sa route vers Arras (2).

(1) Ce boulet était parti d'une batterie placée sur un *Cavalier* qui domine le bois de St.-Georges.

(2) Le roi allait prendre possession de Dunkerque.

Cependant Fargues était devenu un petit souverain. Il avait sa police, sa cour et même son sérail. Aussi l'on comptait alors à Hesdin plus d'une belle captive qu'un père ou un mari cherchait à soustraire aux avides regards du gouverneur. Le prince de Condé lui avait envoyé un ingénieur avec quelques canonniers ; mais Fargues trouvait ce secours insuffisant. Il aurait désiré que le prince y joignît un renfort de troupes, parce qu'il estimait peu celles qu'il avait levées à la campagne, et se défiait des bourgeois.

Ses partisans s'étant plaints des dangers qu'ils couraient dans leurs expéditions à cause des châteaux-forts et des tours qu'ils trouvaient sur leur route, il détacha un corps de troupes qui alla assiéger le château de Boufflers, sur l'Authie, et y fit prisonniers 40 hommes que le gouverneur d'Arras y avait envoyés. Fargues ordonna qu'on démolît les châteaux de Fressin (1), de Beaurain (2), de Rollencourt (3), de Labroie, de Fontaine, d'Embri (4), de Mont-Cavrel (5),

(1) Au duc de Créqui.

(2) Au comte de Reux.

(3) Au baron d'Ogimont.

(4) A la comtesse de Moucron.

(5) Au marquis du même nom.

la tour du Vieil Hesdin et les parties du château qui subsistaient encore, enfin les clochers du Parcq, de St.-Georges, de Fillièvres, de Sains-lès-Fressins et plusieurs autres (1).

Comme Fargues et La Rivière ne cherchaient qu'à faire fortune, et que d'ailleurs ils ne comptaient pas pouvoir tenir long-temps, s'ils étaient réduits à leurs propres forces, ils traitèrent avec Don Juan d'Autriche, gouverneur des Pays-Bas, pour le roi d'Espagne, et convinrent de lui livrer la ville, moyennant une somme d'argent qu'il leur envoya sur des chariots bien escortés. Ce traité fut fait à l'insçu des Hesdinois.

Sur ces entrefaites, Fargues essaya de surprendre Abbeville. Il en approcha secrètement à la tête d'un assez fort détachement composé d'infanterie et de cavalerie, avec l'espérance de mettre la ville à contribution, et de rançonner les habitans; mais les bourgeois, avertis de son dessein, accoururent en foule à la Porte du Bois, dont il voulait se rendre maître, et lui opposèrent une résistance si vigoureuse

(1) C'est avec ces débris, que Fargues fit murer les bastions situés derrière le couvent des Récollets.

qu'il ſut obligé de battre en retraite après avoir essuyé une perte assez considérable.

Sa tentative sur St.-Pol eut un succès bien différent. Il y entra, presque sans coup férir, y leva une contribution assez ſorte, et fit sauter les deux tours, de peur que les bourgeois ne s'en servissent pour se défendre, s'il concevait l'envie de les visiter une seconde ſois.

Cependant les Espagnols, selon la convention, à laquelle le prince de Condé lui-même avait eu part, envoyèrent un corps de troupes, sous les ordres du comte de Boutteville, pour prendre possession de la place. Fargues, après les avoir retenus, six semaines, au pied des murailles (1), sous différens prétextes, répondit : « Votre demande est très-» juste, et je suis disposé à vous satisfaire; » mais j'ai omis dans le traité une condition » que l'on m'accordera, j'espère : c'est qu'en » livrant la place, j'en serai le gouverneur pour

(1) Les Espagnols, au nombre d'environ 7,000 hommes, étaient campés dans les prairies le long de la Ternoise. Ils s'étaient fortifiés du côté de la forêt, pour éviter toute surprise. Leur droite s'étendait jusqu'au moulin de Marconnelle, au confluent de la Ternoise et de la Canche.

le

» le Roi d'Espagne. Envoyez donc à Bruxelles » un officier pour faire cette proposition à » vos maîtres. Leur consentement donné, toute » difficulté sera levée, et la ville appartiendra » à votre souverain. »

Le général espagnol vit bien qu'il était joué, et jugea inutile de rester plus long-temps campé sous le canon d'Hesdin (1). Il retourna à St.-Omer avec sa petite armée, et rendit compte de sa mission à Don Juan d'Autriche qui, indigné de ce procédé, résolut d'en tirer vengeance; mais diverses circonstances s'y opposèrent.

Pour retenir le prince de Condé dans leurs intérêts, Fargues et la Rivière lui envoyèrent une somme d'argent considérable. L'épouse du gouverneur, chargée de présenter ce ca-

(1) Il paraît que, pendant le séjour que les troupes firent en cet endroit, Fargues, qui se défiait d'elles avec raison, tint constamment fermée la Porte-Neuve, située du côté du camp. Il ne laissait entrer dans la place qu'un certain nombre d'Espagnols. Pour assurer l'exécution de cette mesure, il avait fait frapper à son effigie autant de pièces qu'il voulait admettre d'Espagnols à la fois. Ces pièces étaient en plomb.

deau au prince, était dans la voiture qui traversa St.-Pol, pendant la nuit, à l'insçu des habitans de cette petite ville, qui regrettèrent beaucoup d'avoir laissé échapper cette proie (1).

Tel était l'état des choses, lorque le fameux traité des Pyrénées, signé le 7 novembre 1659, vint mettre fin à la guerre entre la France et l'Espagne. Possesseurs d'une brillante fortune, Fargues et la Rivière, ayant entièrement renoncé au projet de persévérer dans leur rebellion, avaient eu le bonheur d'obtenir, par l'entremise du prince de Condé, leur protecteur, que les révoltés d'Hesdin seraient compris, ainsi que lui, dans un article particulier.

Cet article portait qu'ils remettraient la ville au roi, et se retireraient où bon leur semblerait, sans qu'on pût les inquiéter ni les chagriner, soit dans leurs personnes, soit dans leurs biens. On leur assurait *un entier oubli du passé*.

Dès que les deux chefs des révoltés eurent

(1) Vers la fin de sa révolte, Fargues fit don à la paroisse d'une vierge d'argent massif, espérant expier ainsi ses fautes. L'insensé s'imaginait, comme tant d'autres,

Qu'il est avec le ciel des accommodemens.

reçu cette nouvelle, ils s'empressèrent de la communiquer à tous les officiers de la garnison, qui furent charmés de se voir enfin sur le point de sortir d'une situation qui n'avait pas laissé de leur inspirer de vives alarmes. Fargues et la Rivière, les ayant appelés chacun en particulier, les récompensèrent selon leurs services et leur grades ; ils leur déclarèrent que pour eux, ils voulaient désormais vivre en paix.

Au mois de mars suivant, ils remirent les clefs de la ville à l'intendant M. d'Ormesson, qui s'y était rendu avec le Régiment de Picardie, et sortirent par la Porte-Neuve, emportant avec eux quatre millions, fruit de leurs rapines. Ils se retirèrent à Paris, où la Rivière mourut peu de temps après.

Le sieur de Ste.-Marie, rendu enfin à la liberté, obtint une récompense dont sa fidélité le rendait digne. Il fut nommé lieutenant dans les gardes-françaises.

Fargues avait acheté, près d'Arpajon, un château environné de fossés pleins d'eau vive. Là, quoiqu'il se crût en sûreté, pour éviter une surprise, il tenait toujours le pont levé pendant la nuit, et même pendant le jour, à l'heure où il dînait. Après avoir passé tranquillement quelques années dans sa terre, Fargues se hasarda à venir quelques fois à Paris, avec un équipage brillant. Un jour qu'il passait devant les Tuileries, un seigneur de la cour, frappé de l'éclat de son carrosse, demanda quel en était le maître. De Ste.-Marie, qui était présent, lui nomma Fargues, le chef des révoltés d'Hesdin. Le seigneur ne manqua pas de dire à M. de Louvois, alors ministre de la guerre (1), qu'il venait de voir un équipage qui *effaçait* tous ceux de la cour. Dès ce moment, la perte de Fargues fut résolue.

Louvois, sachant bien qu'on ne pouvait l'inquiéter au sujet de sa révolte, dont il avait obtenu le pardon par le traité des Pyrénées, chercha un prétexte pour l'attaquer sur quelque autre sujet. Il appela de Ste.-Marie, qui lui apprit que, du temps que Fargues fournissait le pain aux troupes du roi à Abbeville et à Hesdin, les soldats s'étaient plaints, lorsque le blé était cher, que le pain qu'on leur donnait était mal-sain et les rendait malades; qu'on disait même que plusieurs en étaient morts. Le ministre, charmé d'avoir trouvé l'occasion de punir ce *traître*, le fit arrêter quelques jours après, comme il sortait de l'é-

(1) Le cardinal Mazarin était mort en 1661.

glise des Cordeliers : il fut traîné dans les prisons du fort l'Évêque.

On instruisit son procès, dans les formes. On l'accusa de malversation ; on l'attaqua principalement au sujet des vivres, en lui imputant la mort d'un grand nombre de soldats. Fargues se renferma dans un système de dénégation complète. La confrontation avec des témoins sur les lieux mêmes, fut ordonnée.

Le tribunal d'Abbeville fut chargé du procès. On transporta donc l'accusé dans cette ville, afin de le confronter avec ceux qu'il avait employés, soit à acheter le blé, soit à faire le pain. Plusieurs de ces gens se trouvant à Hesdin, et ne pouvant se déplacer à cause de leur âge et de leurs infirmités, Fargues y fut conduit. Quelques jours après, on le ramena à Abbeville, où l'on hâta la conclusion de son procès. Il fut condamné, et, comme il n'y avait point de bourreau chez les Abbevillois, on fit venir d'Hesdin, pour le pendre, *Maître Nicolas*, dont nous avons parlé plus haut.

L'exécution eut lieu aux flambeaux, sur la place *St.-Pierre*, au milieu d'un nombreux concours de spectateurs, le vendredi 17 mars 1665 (1).

(1) Il fut enterré dans l'église des Minimes d'Abbeville.

Si l'on s'en rapporte à quelques écrivains, Fargues n'était point coupable des délits qu'on lui imputait. Ce fut une victime immolée à un ressentiment injuste, et dont le sacrifice avait été préparé et consommé par la cupidité. L'un d'eux, dans une anecdote scandaleuse, ose accuser le Roi lui-même d'un lâche ressentiment, et cherche à flétrir un des plus beaux noms de la magistrature, Lamoignon, en insinuant, avec la mauvaise foi la plus insigne, que le premier président, ne consultant qu'une basse vénalité, porta l'arrêt, et reçut, pour prix de sa prévarication, la terre de Courson, qui appartenait à Fargues.

Ici l'absurdité le dispute à l'impudence. Lamoignon ne put ni porter ni même dicter l'arrêt. Il ne put le porter, parce que ce n'était pas le parlement, mais le présidial d'Abbeville qui était saisi de l'affaire; il ne put le dicter, parce qu'il était Français, et que les juges l'étaient aussi (1).

J'aime mieux penser que la vanité blessée d'un ministre (Louvois) fut la cause occasionnelle d'un acte de justice, j'aime mieux croire surtout, avec l'auteur du Dictionnaire Histo-

(1) « Et voilà justement comme on écrit l'Histoire. »

rique et Judiciaire (Des Essarts), que Fargues fut convaincu des malversations qu'on lui avait imputées.

DEPUIS cette époque, Hesdin n'a été le théâtre d'aucun événement mémorable; mais il se glorifie à juste titre d'avoir donné naissance à l'abbé Prévost (1), dont la vie et les écrits paraissent mériter que j'entre ici dans quelques détails, qui ne seront pas, je pense, étrangers à mon sujet : car, si, comme l'a dit l'auteur de Régulus :

Un grand homme appartient à l'univers entier,

un homme célèbre appartient au moins à la ville qui lui a donné le jour.

Antoine Prévost d'Exiles naquit à Hesdin, le 1er avril 1697. Il fit ses études au collége, et ne tarda pas à s'y distinguer par son application et la rapidité de ses progrès. Les Jésuites, qui tenaient alors cet établissement, étaient depuis long-temps exercés à épier chez leurs élèves le mérite naissant. Fidèles à leurs principes, ils résolurent de s'atta-

(1) Hesdin a aussi donné le jour, en 1764, à l'abbé *Hennebert*, Chanoine de St.-Omer, auteur de l'Histoire générale d'Artois.

cher le jeune Prévost. Il se laissa persuader; mais bientôt, sa ferveur s'étant ralentie, il quitta l'habit religieux pour l'habit militaire. Avant dix-huit ans, il avait déjà abandonné cette carrière, pour retourner dans le cloître d'où il était sorti à seize ans. Cependant son humeur martiale n'était qu'assoupie; elle se réveilla, et il reprit l'épée à l'âge de vingt-deux ans. Fatigué de toutes les jouissances dont son cœur s'était montré fort avide, il entra chez les Bénédictins, et tous les liens qui l'attachaient au monde, furent rompus de nouveau. Enfin il renonça encore à cet engagement, et sortit du port pour s'exposer à d'autres tempêtes. Après avoir mené une vie agitée par les passions et par les caprices du sort, après avoir été en butte aux persécutions de quelques hommes (1), qui devaient au moins respecter le malheur s'ils ne savaient pas respecter le mérite, il avait obtenu, à force de sollicitations, la liberté de rentrer dans sa patrie, d'où ses anciennes erreurs l'avaient exilé. Fort de la protection du prince de Conti, qui l'avait nommé son aumônier, il commençait à goûter les douceurs du repos, et s'était retiré dans une petite maison de campagne, qu'il avait achetée à St.-Firmin, près

(1) L'abbé Desfontaines, le grossier abbé Lenglet, etc.

de Chantilly, lorsqu'une mort inopinée vint l'enlever à sa famille et à ses amis. Le 23 Novembre 1763, comme il retournait seul à St.-Firmin, une attaque d'apoplexie l'étendit au pied d'un arbre, dans la forêt. Des paysans, qui survinrent, le portèrent chez le curé du village le plus voisin. On rassembla avec précipitation la justice, qui ordonna sur le champ à un chirurgien de procéder à l'ouverture du corps. Un cri du malheureux, qui n'était pas mort, arrêta l'instrument fatal et glaça d'effroi les assistans. On s'empressa de lui prodiguer des secours de toute espèce; mais il n'était plus temps, le coup mortel était porté. L'infortuné Prévost ne rouvrit les yeux que pour voir l'appareil cruel qui l'environnait, et la manière horrible dont on lui arrachait la vie. C'est ainsi qu'il termina sa carrière presque aussi romanesque que celles de ses héros. Il était âgé de soixante-dix ans.

Né avec un esprit très-vif, un cœur d'une sensibilité extrême, une imagination ardente, Prévost joignait à ces qualités un défaut qui les accompagne trop souvent : c'est l'inconstance. Elle fut la source de tous ses malheurs; mais il aurait peut-être eu moins à souffrir, si ses maîtres, en influençant sa vocation, avaient consulté la prudence autant que le zèle, ou plutôt si sa détermination avait été spontanée.

Au milieu de toutes ces vicissitudes, il composa un grand nombre d'ouvrages (1); mais ceux qui ont le plus contribué à assurer sa réputation, appartiennent à un genre ordinairement réprouvé par les littérateurs d'un goût sévère.

(1) Voici la liste des nombreux ouvrages de l'abbé Prévost :

En 1719 et 1720, étant chez les Bénédictins, il travailla à la Gaule Chrétienne *(Gallia Christiana)*, vaste recueil qui exigeait de ses auteurs plus d'érudition que de génie : Prévost en fit un volume.

Il publia,

De 1728 à 1733, les Mémoires d'un homme de qualité;

En 1732, Cléveland;

En 1733, Manon Lescaut;

En 1735, Le doyen de Killerine;

En 1740, Marguerite d'Anjou;

La même année, l'Histoire d'une Grecque moderne;

En 1741, Les Campagnes philosophiques, ou Mémoires de Moncal;

La même année, l'Histoire de la Jeunesse du Commandeur de ***;

En 1742, l'Histoire de Guillaume le Conquérant;

En 1743, la Vie de Cicéron;

De 1744 à 1747, les Lettres de Cicéron;

Ce sont des romans, *puisqu'il faut les appeler par leur nom*. L'abbé Prévost fut le premier qui fit règner la *terreur* dans les romans. Il n'en a pas inventé un qui n'imprime ce sentiment dans l'ame, et qui n'excite dans l'esprit du lecteur des émotions fortes et violentes. Son style unit presque toujours la grâce à l'énergie. On s'accorde généralement à le placer à côté de Lesage;

En 1744, les Voyages de Robert Lade ;

En 1745, les Mémoires d'un Honnête Homme ;

De 1745 à 1760, l'Histoire générale des Voyages, entreprise immense, mais nécessaire, formée par Prévost, à la sollicitation du chancelier d'*Aguesseau;* il la porta au 15.me volume in-4.°;

De 1760 à 1761, le Monde moral;

Depuis cette époque jusqu'à sa mort, deux romans traduits de l'anglais; savoir :

En 1762, Miss Bidulphe, ou Mémoires pour servir à l'Histoire de la Vertu ;

En 1763, Almoran et Hamet.

Il faut ajouter à ces écrits,

1.° Les Lettres de Mentor à un jeune Seigneur, ouvrage *posthume*, également traduit de l'anglais ;

2.° Un Manuel Lexique, ou Dictionnaire portatif des mots français dont la signification n'est pas familière à tout le monde ;

3.° *Le Pour et Contre*, ouvrage périodique, qui commença à paraître en 1733 : l'abbé Prévost en composa 19 volumes.

mais, les qualités qui caractérisaient le génie de ces deux écrivains, dominant dans leurs productions respectives, il me semble que Manon Lescaut, Cléveland etc. sont à la tragédie ce que Gil-Blas est à la comédie.

La population d'Hesdin est de six mille habitans, savoir : 3700 *intrà muros*, et 2300 *extra muros*.

Depuis long-temps, cette ville renfermait les divers établissemens nécessaires à un régiment de cavalerie, il ne lui manquait qu'un manége couvert. Cet édifice a été élevé en 1820 : il se fait remarquer par la solidité de sa construction. La bonne qualité, l'abondance et, conséquemment, le prix modique des vivres et des fourrages offrent de grandes ressources à la garnison.

L'hôpital civil (1), où les militaires sont reçus, a une origine qui se perd dans la nuit des temps. Lorsqu'on le transféra à Hesdin-Fert, on y réunit les revenus de tous les autres hospices du Vieil Hesdin. En 1678, on y réunit aussi une maison de charité fondée par la dame de *Limart*, pour 12 pauvres filles orphelines, qui y étaient élevées et instruites jusqu'à l'âge de 18 ans. En 1770, un échange de local eut lieu entre le col-

(1) Il porte le nom de St.-Jean l'Évangéliste.

lége et cet hôpital, qui est desservi par des sœurs de la charité. L'église de la Paroisse (*Notre-Dame*) est un édifice gothique qui fut élevé en 1565. Après avoir beaucoup souffert pendant la révolution, elle a été restaurée aux frais de la commune, en 1811 et 1812, et rendue au culte en 1813.

Le Collége, fondé en 1613, par *Lettres patentes* de l'archiduc Albert et de l'archiduchesse Isabelle-Claire-Eugénie, gouvernante des Pays-bas, fut autrefois très-florissant. Après avoir long-temps souffert, il vient d'être enfin replacé au rang qu'il aurait dû toujours occuper. Le Pensionnat qu'on y a formé depuis un an, a pris un accroissement plus rapide qu'on n'aurait osé l'espérer : il compte déjà quarante-cinq élèves : le nombre des externes est d'environ cinquante. Le cours d'études est gratuit.

L'établissement est spacieux et bien aéré. A l'extrémité de la cour, une vaste galerie, destinée aux récréations, présente aux élèves un abri contre les chaleurs et contre le mauvais temps.

Dans une école primaire, où l'enseignement mutuel est en vigueur, 140 jeunes gens reçoivent aussi, gratuitement, une instruction soignée.

Dans une autre école primaire, 140 jeunes filles jouissent des mêmes avantages, et suivent la même méthode. A la lecture, à l'écriture et au calcul, elles joignent l'apprentissage de tous les ouvrages d'aiguille. Cette espèce d'atelier de charité accoutume de bonne heure les élèves au travail. Il a produit et continue de produire, chaque année, d'excellentes ouvrières.

Ces différens établissemens (1), entretenus aux frais de la commune, donnent à Hesdin une supériorité marquée sur la plupart des villes du 3me ordre. Les goûts y sont moins grossiers,

(1) Ils remplacent trois établissemens qui existaient avant les troubles révolutionnaires, savoir :

1.° Le collége qui avait été tenu autrefois par les Jésuites, et qui, ayant été doté par la ville en 1613, jouissait encore, en 1789, de 9689 liv. de rentes, et avait en caisse une somme de 27694 liv. ; (tous ses biens ont été vendus.)

2.° Un petit séminaire, connu sous le nom de *la Stē.-Famille*, et fondé en 1697 par dame Marie-Ursule *Lemerchier*, épouse de François *de Pomart*, écuyer, sieur *de Limart*. Douze pensionnaires, qui y étaient admis gratuitement, suivaient le cours d'études du collége. Cette maison était tenue de fournir un local au maître de l'école primaire, et de lui faire un traitement de 300. liv. Ses revenus montaient à 6000 liv. dont 5000 liv. environ consistaient en rentes sur l'état ; (les biens ont été vendus ; mais les bâtimens, que l'on a conservés, sont occupés par les deux écoles d'enseignement mutuel.)

les mœurs plus douces et plus pures, et je crois que, pour citer un crime commis par un Hesdinois, il faudrait remonter à une époque bien reculée.

Tel est le résultat du bon emploi des deniers publics ; telle est l'heureuse influence qu'une administration zélée et éclairée, exerce sur tout ce qui l'entoure.

On trouve à l'Hôtel de ville une bibliothèque qui doit être ouverte au public, lorsque la salle sera convenablement disposée. Elle contient plus de cinq mille volumes, parmi lesquels on remarque quelques manuscrits précieux.

Hesdin possède une manufacture de faïence et de carreaux peints, des filatures de coton, des savonneries etc. (1). Le genre de fabrication le plus important est la bonneterie, dont les produits se vendent à Paris et dans les départemens méridionaux.

3.° Une école, due aux pieuses libéralités d'Anne de Cau, et confiée aux soins de trois sœurs de la Providence. La dotation se composait de fonds de terre dont le revenu s'élevait à 727 liv. (Ces biens ont été vendus.)

(1) On vient d'y construire une fabrique de papier superfin, qui sera mise incessamment en activité.

Il y a aussi plusieurs tanneries (1).

On s'occupa, il y a 55 ans, d'un projet qui paraissait devoir être fort utile à cette partie de l'Artois. Il s'agissait de percer un canal d'Hesdin à la mer, ou plutôt, de *canaliser* la Canche et de la rendre navigable. C'est le sujet d'un mémoire très-intéressant que l'avocat Linguet adressa aux états d'Artois, en 1765.

GOUVERNEURS D'HESDIN,

Depuis 1554 *jusqu'en* 1790.

MM. De Helfault, De Bellebrune,
De Roubais, De Moret,
De Bryas, De Créqui,
De Gomicourt, De Courtebonne,
De la Coquelle, De Cardevacque d'Havrincourt,
De Gruson, De Cardevacque d'Havrincourt,
De Hanapes, De Cardevacque d'Havrincourt.

(1) Les autres genres d'industrie et de fabrication ne s'étendent pas au-delà des besoins de la ville et des environs.

FIN.

Se vend chez THULLIEZ, *Libraire à Hesdin.*

www.ingramcontent.com/pod-product-compliance
Ingram Content Group UK Ltd.
Pitfield, Milton Keynes, MK11 3LW, UK
UKHW020316250726
13967UKWH00004B/1757

9 782013 039321